世界でただ一人の君へ

新人類 北島康介の育て方

日本水泳連盟競泳委員
東京スイミングセンター・シニアコーチ
平井伯昌

幻冬舎

はじめに

このときをずっと、待っていた。八年も前から。

いよいよアテネ・オリンピックが近づいてきた。

私と北島康介が一緒にオリンピックを目指そうと思ったのは、一九九六年の秋のことだった。しかし、そのときは「金メダル」を獲《と》ろうという気持ちは芽生えていなかった。メダルを獲れるような選手に育てなくてはとは思っていたのだが、「金」というところにまでは想像力が膨らんでいなかった。

最初はアテネを目指し、その強化の過程でシドニーが現実的なものとなり、シドニーを経験したことで「金」を狙うしかないと思うようになった。金、銀、銅の間には紙一重の差しかない、どうせなら金を狙ってやろうと考えたのだ。つまり、年月を経るごとに夢が膨らんでいったのである。

この本はその軌跡である。

しかし、すべてが順調だったわけではない。大会を前にしての重要な時期の怪我、気持ちの落ち込み。大舞台での経験不足による失敗。そうした経験を経て、ようやくオリンピックに臨むことができる。失敗はしてもいいと思う。それをプラスに変えられるならば。

アテネ・オリンピック前の六月、ローマの大会で康介の連勝記録が止まった。日本では「北島、金メダルピンチ」といった報道がされているが、不思議と焦《あせ》りは生まれてこない。むしろ、もう腹をくくってやるしかないと思っている。

五月から六月にかけての遠征では移動が多く、六月九日、十日にバルセロナの大会に参加し、その後、十二日、十三日とローマの大会に出場したのだが、ローマでは康介の集中力が切れてしまっていた。スペインで合宿を行い、泳ぎはいい感じで仕上がりつつあっただけに、尻切れトンボの形で終わってしまったのは否めない。

ただ、負けたことでプラスになった面もある。

康介は久しぶりに負けた。負けるということ、それは康介にとって新鮮な体験だったようだ。去年までは常に上を目指してやってきた。今度は目標とされる立場になって、やっぱり世界王者は負けてはいけないんだ、ということを痛感した。自分としても負けた康介を見るのは久しぶりなので、正直、「あら」と思った。これで尻に火がついたなあ、よし、やってやるかという心境である。

康介だけではない。個人メドレーの三木二郎、背泳ぎの中村礼子にもメダルのチャンスが十分にある。三人が最高の結果を得られるよう、十分に力を発揮させる環境を整えるのが私の仕事である。私にとってアテネ・オリンピックは勝負の場であり、新たなる挑戦の場だと思っている。

ローマの結果を受けて、もうこれからは、死に物狂いでやらないとオリンピックでは勝てないとハッキリわかった。一部には一〇〇mを捨てて、二〇〇mに集中するというような報道があったようだが、それは正しくない。

康介の泳ぎというのは二〇〇mの泳ぎがいいときこそ、理想の泳ぎに近いのだ。だからアジア大会のときの二〇〇m平泳ぎで見せたような、ゆったりとしていながら、しかも抜群の推進力を見せる泳ぎを目指していこうと考えている。その泳ぎができれば、結果的に一〇〇mもいい泳ぎができるはずなのである。

だから決して一〇〇mを捨てたというようなことは言っていない。新聞ではどうしても情報が削られてしまうので、正確に伝わらないジレンマがある。

今回のヨーロッパ合宿を通して感じたのは、康介、そしてライバルたちのタイムはさほど上がっておらず、オリンピックでは記録よりも「勝負」にこだわったレースが重要になるだろうということだ。

実際にライバルたちの泳ぎを見ると、昨年と力関係は大きく変わってはいない。やはり康介を軸にレースは展開していくと思う。アメリカのオリンピック予選は他国と違って、オリンピックの直前に行われるため、ここで記録が伸びる可能性も捨てきれないが、男子平泳ぎは各選手とも「記録よりも勝負」を重視して臨んでくるはずだ。きっと、面白いレースになると思う。

とにかく勝負は一〇〇m、二〇〇mの決勝だ。理想を言えば、予選、準決勝、決勝と尻上がりに調子を上げていけば言うことはないが、そうした理想論にはもうこだわらない。最後になにがなんでも勝つ。そういうレースをしたいと思っている。

平成十六年六月二十一日　平井伯昌

世界でただ一人の君へ

——新人類　北島康介の育て方◎目次

はじめに

【第1章】北島康介の才能　15

【第2章】選手から指導者へ　35

【第3章】人を教えるということ　53

【第6章】日本人が世界で勝つために必要なこと　125

【第7章】

アテネへの階段

197

装幀　上田舞乃
カバー・扉写真　藤田孝夫
扉デザイン　宮村ナオミ
構成　生島淳

第1章

北島康介の才能

康介との出会い

「メチャクチャ身体《からだ》の硬い子がいるな」

それが北島康介の第一印象だった。

私が康介を東京スイミングセンター（略して東スイ）で指導するようになったのは、一九九六年の九月だった。彼が中学二年のときである。

それまでも子供の教室で、四泳法を教えていたことはあったが、本当に身体が硬かったので、選手クラスで担当するようになってからも、なんとなく「北島」という生徒のことは記憶していた。

水泳では身体が硬いと、選手としては致命傷になりかねない。硬いとプールに入っても、浮かないのだ。もちろん泳ぐ分には問題ないのだが、選手としてやっていくなら、浮力というものが大切だ。しかし康介は身体が硬く、当時はまだ中学生で、ガリガリで余分な肉もついていなかった。身体を触ってみても、骨を触っている感じだった。

水の中でリラックスできるかできないかで、浮力は違ってくる。誰でも経験があると思うが、力が入っている部分というのは、水の中に入ると沈んでしまう。

しかし硬いはずの康介が水の中に入ると、まったく違った。身体が水と一体化するというか、まさに水を得た魚のように変身するのだった。

そしてもうひとつ、印象的だったのは、物静かな子ということだった。私はコーチとして選手にはよく話しかけるタイプである。話しかけることで選手の反応を見ることができるため、そこで選手の性格なりを観察する。ふつう中学生くらいだと、リアクションがあるのだが、康介はほとんど反応というものがなかった。

ただ、ずっと立っていて、ほとんど旗が立っているような感じさえした。とにかく静かな子供だった。

身体の硬さ、そのおとなしさからは、この中学生が世界記録を破るようになるとは誰も想像しなかっただろう。

「目」に宿る可能性

康介が水泳を始めたのは、五歳の頃と聞いている。友だちの誘いで夏休みの短期教室に参加したのをきっかけに、それからずっと東スイに通っていた。

よく記者の方に、

「北島康介は、先生が担当した選手の中で、最高の素質の持ち主ですか？」

と質問されることがある。いまとなってはそうだと思うが、担当し始めたときは、ぜんぜんそんなふうには感じなかった。

ジュニア・オリンピック（東京・辰巳で年二回行われる高校生以下の全国大会）で優勝はしていたが、そうした実績のある選手は東スイにはゴロゴロいたし、能力の高い子供が集まる選手コースで担当していた選手の中では、決して最上の素質の持ち主というわけではなかった。

康介を担当するようになった一九九六年は、私がコーチを始めてちょうど十年目の年だった。その頃、私の中には理想とする選手像があった。体力が豊かで、キツい練習を課してもどんどん練習ができる。しかもスピードがあって、持久力もある、筋力もあるというすべてが備わっている選手が理想だった。

つまり、先天的な身体の素質に恵まれている選手を理想としていた。しかし、康介はちょっとでも厳しいメニューを練習で課そうものなら、倒れてしまいそうなほど線が細かった。それに話しかけても反応がないわけだから、印象が薄くなりがちだ。

しかし当時から、ひとつだけ際立っていたものがあった。

目つきの鋭さだ。

大切な練習のとき、そして試合、肝心なところでの目つきは中学生の頃から鋭かった。心を感じさせるというか、言葉にすると抽象的だが、康介の内面を感じさせる「目」は印象的だった。

私は康介の「目」にかけた。

オリンピックに行きたいか？

ちょうどその頃、私の同世代のコーチが教え子をアトランタ・オリンピックに送り出し、それまでほとんど指導者としての実績を残せていなかった私は、自分が変わる必要性を感じていた。このままだと、指導者として失格のまま時が過ぎていく、という焦りもあった。

そんな状態のとき、康介に出会った。まだ中学二年生で、何にも染まっていなかった。コーチとして再出発をしようとしていた自分にとって、いいタイミングで康介の面倒を見ることができたと思う。指導する立場というより、一緒に歩んでいくという形で指導ができたからだ。

もし、康介が高校生のときに、本格的な指導を始めていたら、タイミングを逸していたかもしれない。高校生だとある程度、選手として完成に近づいている時期で、それをどうにかして変えようと、自分は押し付けがましくなっていたかもしれないからだ。

ところが中二で指導を始めようとした矢先、康介は学校で鎖骨を折り、本格的に指導するようになったのは中三からになってしまった（康介は肝心なときに、怪我をする傾向があるのだ）。

しかし怪我が治って中三の四月に復帰したとき、

「よし、この選手で二〇〇四年のオリンピックを目指そう」

と心に決めた。そのとき、まだ八年先のオリンピックの開催地は決まっていなかったと思う。しかし康介ならオリンピックを狙えるはずだ、と考えた。

一九九六年の時点で小学校高学年、中学校の生徒は、二〇〇四年には二〇歳前後になる。水泳選手としては脂が乗る時期である。

康介は東スイでは図抜けた存在ではあったが、全国的に見て突出した選手とはいえなかった。

しかし目の鋭さだけは、どんな選手と比較してもトップクラスだった。レースが近づいてくると、自然にスイッチが入り、泳ぎから気迫が伝わってくる。中二にして芯の強さを感じさせるところがあった。選手というのは、舞台が大きくなればなるほど、ビビる可能性がある。気持ちの上で逃げてしまうんじゃないかと、コーチとしては不安になる。

しかし康介は、はじめからそんな心配をする必要がなかった。この時点から、精神的な強さを兼ね備えていたからである。

当時、東スイの大先輩である青木剛先生（現・日本水泳連盟競泳委員長）と酒を飲む機

会があったとき、

「北島の目は違うんです」

と私は力説した。泳ぎのテクニックではなかった。目で私は選んだのだ。果たして「目」で選んでいいものか、という疑問は自分の中に多少あった。しかし肉体的な素質ではなく、こうした視点で選んだ選手で、チャレンジをしてみたかったのだ。

そして中学三年になった康介に、「二〇〇四年のオリンピックを目指すから」と伝えた。本人からの反応は、またしてもなかった。そんな彼に対してじっくり自分の気持ちを説明していった。そうするうち、

「オリンピック、行きたいか？」

と訊《き》いたら、

「そりゃ行けるものなら、行きたいです」

という言葉が出た。

「じゃあ、オリンピックを目指そう！」

という冗談のような話し合いがオリンピックへのスタートだった。

単純な動きにこそ、才能が表れる

それ以来、康介の成長ぶりを見てくると、人間の才能について考えさせられた。スポーツの世界だけではなく、「才能」とは偉大なものである。努力型の人間が、才能ある人間に勝つのは容易なことではない。もし、才能ある人間に同じだけの努力をされてしまったら、絶対にかなわないだろう。

しかし才能は、絶対ではない。

私は日本のトップレベル、あるいは世界のトップレベルまで行き着いた選手の才能は、ほとんど変わりないと思っている。日本では「才能」というと、スポーツの世界では特に、肉体的な素質が強調されるきらいがある。足が速い、速く泳げるなど、目に見えるものを「才能」と思いがちである。それは目に見えるものが、分かりやすい才能だからだ。

しかし愚痴ひとつこぼさずに練習をすることや、相手選手を分析してうまいレース運びをすることなども、才能に含まれる。これは分かりにくい才能だ。才能とはいってもひとくくりにはできない。

水泳の世界ではオーソドックスな選手の見方がある。小さな子供、小学校低学年の子供の泳ぎを見ると、才能というものに触れることができる。もっとも能力が表れる部分は、「キック」である。キックがうまい子供というのは、本当に水泳がうまい。たとえばクロールだったら、足首の動きなどはものすごく単純だ。その単純な動きの中に、うまい下手が残酷なほどに表れる。単純だからこそ見過ごしがちなのだが、ものすごい差なのである。

腕のかきや上半身の動きなどは、ある程度、考えることでコントロールできる。子供の指導をするときでも、

「腕は大きく、前のほうにかこう」

とか、イメージをしやすい言葉を使って指導する。脳で考えたことを身体に伝達するのだが、上半身はこの指令がわりと伝わりやすいのだ。ところが下半身の動きというのは、頭でコントロールできない。特に水泳のような上半身と下半身を同時に操る競技では、上半身のほうに意識が集中しがちで、下半身にまで気が回らない。だからこそ、キックのうまい子供は、持って生まれたキックのセンスというものがあると判断できる。

ひょっとしたら、他のスポーツでも、下半身に注目している指導者というのは、意外に多いのではないだろうか。康介は世界のトップ選手に成長していく過程で、キックが磨かれ、泳ぎの推進力が増していった。

目は口ほどにものを言う

私が指導者として、もっとも「才能」のきらめきが発見できるのは、「目」だと断言できる。目つき、そして目の輝きだ。

「目は口ほどにものを言う」

ということわざもあるが、眼光が弱々しい選手というのは、残念ながらいる。眼光というのは、素質には関係ない。素質があっても眼光が弱々しい選手もいる。

そして目の光は必ずしも一定ではない。時期によっても変化するから、そのサインを見逃さないことが大切である。

私の経験からすると、目というものは、その人間の状態をよく表現していると思う。気持ちが迷ってくると、眼光が弱々しくなってしまうのだ。迷いが目に出てしまう。

気持ちの迷い。悩み。

こうした心の葛藤はそのまま目の光に直結してしまう。そして、隠していることがあったりすると、人の目を見られなくなってしまったりする。水泳は思春期のティーンエージャーを指導することが多いから、目の観察は本当に大切だ。

その点、康介は眼光が強かった。鋭いというより、強さを持った目だった。

それでも康介の目は紛らわしい。いつもは目がトロンとしているのだが、重大な局面を迎えると目つきが変わるのだ。学校生活でしか康介を知らない人は、トロンとした目つきの康介しか知らないかもしれない。いまでもボーッとしているときは、トロンとした目をしている。

しかし中学生のときから、練習で頑張らなければいけない時期とか、いざ試合、となると本当に目つきが変わるのだ。テレビで世界記録を出した瞬間の康介の目つきはもちろん鋭いが、中学生のときから、大切なときには、本当に人が変わったような目つきをしていた。鋭さ、強さだけではなく、私はその落差に惹《ひ》かれたのかもしれない。

コーチになりたての頃は、「誰々の目がいい」と他のコーチと話をしたりしていた。ところがいつの頃からか、より技術面での素質に目が向くようになってきていた。

康介の目は、私が失っていたものを取り戻させてくれた。

純粋な人間ほど、強くなれる

大切なときに集中力を発揮できるというのは、水泳に対して純粋な部分があるからだと思う。これは水泳に限らず、勉強にしても、他の競技にしても、純粋に打ち込んでいる人間ほど強くなれると思う。

ひとくちに純粋といっても、いろいろな表現があるが、私からすると計算高い人間はダメだ。

たとえば水泳が強くなったら、女の子にモテるなあと考えて練習する人間と、単純に速くなりたいと考えて練習する人間とでは、やはり成長のペースが違ってくるし、本当に追い込まなければいけないときに、計算高い人間は妥協してしまいがちだ。

ただし、本人が純粋に水泳が好きかどうかは、普段から選手に接していないと分からない。たとえば一見、チャラチャラしているように見えている選手が、プールに足を踏み入れた瞬間、別人のようになることもある。ナショナルチームに選ばれる選手というのは、多かれ少なかれ、純粋な面を持っている。やはり雑念がなく競技に取り組めるということは、単純ではあるが大切なことだ。

むずかしいのは、器用な子の場合だ。全国レベルを目指しながら、学校の勉強も頑張り、成績もクラスでトップクラスという選手もいる。どちらもトップクラスなら問題ないのだが、中途半端に勉強ができて、全国を目指すギリギリのような位置にいる選手だと「雑念」が入ってきてしまう。勉強でいくか、水泳でいくか、迷いが出てきてしまうのだ。そうした迷いを引きずっていると、最後の最後、水泳で集中しなければならないときに、なかなか腹をくくれない。そうすると水泳でも結果を出せず、勉強にも悪影響を及ぼしてしまうパターンもある。運動でも勉強でも後悔をしてしまうのだ。

コーチとしては、こうしたジレンマを抱えている選手がいたならば、できるだけ後悔をしない決断をできるよう、アドバイスしていくしかない。しかし最後に決めるのは、あくまで本人である。コーチが、

「いまは水泳に集中しろ」

と言ってしまっては、選手が受け身になってしまい、肝心なときの頑張りが利かなくなる。あくまで本人が決断しない限り、トップレベルは目指せないのだ。

ただし、選手というのは悩んでかまわない。いろいろ悩み、十分に考え、決断したら、一気に走れる力が重要なのだ。

康介の進路に関して言えば、

「あのとき、こうしておけばよかったな……」

と悔やんだことがほとんどない。康介の分かりやすいところは、

「水泳にとってこの道がベストだ」

と決めたら、目標に向かってズンズン進むことができる点だ。高校、大学、進路で考えた時期もあったと思うが、泳ぐためにベストの選択を常にしてきたから、後悔がない。

しかし、康介のような選手は例外である。オリンピックを目指すような選手になればなるほど、悩みも多くなる。いまでは二〇代中盤の選手が増えてきたが、彼ら、彼女たちには人生のいろいろな段階で様々な葛藤があったと思う。みんなに共通しているのは、才能もさることながら、自分がベストの環境で泳げるように、常に貪欲に水泳というものを探求してきたことだと思う。

実際にはオリンピックを目指しながら、ほとんどの選手がその夢を果たせない。こうしておけばよかった、ああしておけばよかった、と後悔する選手もたくさん見てきた。

しかしオリンピックに出られるか、それとも出られないかの差は、コーチの立場からすると、本当に紙一重の差でしかない。能力の差は、オリンピックでメダルを狙える選手は別として、ほとんどない。

ではいったい何が違うのか？

集中力の差なのだ。

生まれつき集中力のある人間もいる。その一方で、徐々に集中力を研ぎ澄ましていく人間もいる。年齢を重ねるごとに、自分にとって大切なこと、それが水泳だと認識することで、競技に対する集中力がアップしてくる選手もいる。

私がコーチを始めてから、集中力をアップさせるためのトレーニング方法というものがずいぶんと発達した。メンタルトレーニングなどは、練習したことを本番でも十分に発揮させるためのトレーニング方法だと思うが、私はそんなに重視していない。日常の練習をこなせていれば、それだけで精神的に強くなれるはずだからである。

その点、康介は精神的に申し分なかった。

手を抜くことも才能のひとつ

精神力や集中力が高まると、それが選手のパフォーマンスの向上につながると言われてきたが、なかなかそれを科学的に証明することはできない。

しかし私は康介を指導し、それを目《ま》の当たりにしてきた。大きな大会が近づいてきて、気持ちが集中してくると、驚くほど康介の泳ぎは変わってくる。キックがすごく伸びるようになるのだ。まるで足の裏が壁を蹴ったようにして、全身が水の中を進んでいく。そうすると康介の感覚にも変化が起きる。

「前半、ちょっとスピードが出すぎるように感じたんですけど」

この感覚が貴重である。スピードが出ているものだから、水の圧力をいつもより感じるのだ。このあたりの水に対する感覚、センスというものは、康介の才能といってもいいだろう。実際、自分が担当した選手だけでなく何人かの国際級の選手と接してきたが、「スピードが出すぎた」と話す選手は、聞いたことがない。

しかしこのフィーリングを常に保つのは、無理である。一年間、計画に沿ってトレーニングを積んできた選手であっても、無理だ。一年に多くて二回、こうした研ぎ澄まされた感覚とマッチした肉体、技術が生まれることがある。はっきり言えば、オリンピック日本代表の選考会を兼ねた日本選手権と、世界選手権やオリンピックといった大きな国際大会の数回だけだ。気持ちのピークがくると、心と身体のバランスがピタッとはまってくる。

康介の気持ちの目盛りが、一から一〇まであるとする。練習の時点では一から七くらいまでの間を行ったり来たりしている。そして大会が近づいてきて、康介の心の中で目盛りが八以上になると、他の選手とは違う集中力を発揮する。康介と他の選手に違いがあるとすれば、一から七くらいまでの間の集中力はそんなに変わらないのだが、八以上になると、そこから先の目盛りの幅がすごく大きくなる。一〇までにはかなりの余力があり、しかも限界点が人よりもはるか先にある感じなのだ。

他の選手だと一〇まで行っても、目盛りが少し上がるくらいなのだが、康介はそれこそ目盛りが振り切れるくらいのところまで行ってしまう。普段は平凡。しかしいざというときの伸びの幅が大きい。この伸びしろが大きい選手こそ、強い選手ということができる。

アテネの選考会の準決勝のときに、康介の泳ぎについて、

「いつもは獣のように泳ぐが、今日は人間だった」

とコメントしたのは、康介の集中力が十分に高まっていなかったからだ。ある意味、グ

ワーッと集中力が高まってくると、人間が持っている闘争本能がむき出しになって、パフォーマンスにもいい影響が出てくるのだと思う。

だからこそ、指導者として準備することは、気持ちの目盛りを一〇まで発揮できるように指導していくことと、集中力が高まったときにこたえられるような身体とテクニックを普段から鍛えておくということである。集中力は練習で養うことができる。

大会の前、練習でやってきたことの仕上げとしてタイムを計測する日がある。重要な練習日だ。こういったときは、アップのときから本番のモードと一緒である。いつもとは違う練習をしたときに、選手がどれだけ集中力を発揮できるか、これがポイントである。試合と同じようにシミュレーションして、同じような気持ちを作ることができれば、集中力を一〇まで発揮するチャンスは増える。

康介の才能は、中学生のときから、肝心な練習では異常なほどの集中力を発揮できたことだった。それこそ、目つきが変わるのだ。中学生は精神的にまだ未熟なことが多く、集中力よりも不安が勝ってしまったりすることが多々あるのだが、康介は間違いなく、最高の集中力を練習でも発揮してくれた。だからこそ、私は彼の目、そして集中力を見て、才能があると信じた。

それでも集中力と身体のバランスがピタッとはまるかどうかは、やってみなければ分からない部分もある。この感覚はいつやってくるか分からないところが厄介だ。ひたすらピークがやってくるのを待つしかない。

シドニー・オリンピックのときも、シドニーに入ってからの集中力の高まり、そして決勝を前にしたときの康介の雰囲気には鬼気迫るものを感じた。これなら、メダルを獲れるかもしれないと思ったほどの雰囲気だった。

二〇〇三年の世界水泳のときは、集中力は高いレベルで維持できていたのに、泳ぎがついてこない日々がずうっと続いていた。しかしレースの前日、ピタッとはまったとき、やっぱり康介はすごいと思った。重要なときに、心と身体を一致させることができるのだ。

そして康介の性格で感心したことは、いつでも自分の成績に満足しないことだ。

私は、選手の内面というものが、泳ぎにも表現されると思っている。康介は満足せずに、いつも次のレベルを目指してきたから、世界記録を出し、世界選手権で金メダルを獲得するまでになったと思う。そしてその過程で、世界に出ても泳ぎに自信が見られるようになってきた。日本の選手の場合、日本選手権では自信があっても、世界の舞台に立ったときに、持ち前のふてぶてしさが消えてしまう選手もいる。しかし康介は、世界に出ることで、自信を徐々に獲得していった。

そしていま、アテネでの金メダル獲得を康介は目指している。

第2章

選手から指導者へ

康介と同じ、「東スイ」に通う

私が本格的に水泳を始めたのは、小学校一年生のときである。ちょうど幼稚園から小学校に上がるときで、親から、

「このままだと肥満児になる。何か運動しなさいっ!」

と言われて、スイミングクラブに通うことになった。

偶然にも私が通うことになったスイミングクラブは、康介が通っているのと同じ、東京スイミングセンターだった。しかし四年のときにスイミングはやめてしまった。中学受験のため、塾に通い始めたからである。当時から四年生で塾に通い始めないと望みどおりの中学には合格できないと言われていた。五年生からではもう遅いとされ、水泳よりも勉強を優先させる生活を送った。

そうなると水泳とのつながりは、小学校で夏休みに行われる水泳教室くらいのものだった。小学校で私に水泳を教えてくれたのは、ビートたけしさんの先生で「菊次郎とさき」にも登場する藤崎先生だった。

「世界記録保持者を育てたくらいだから、ご自分も泳ぐの速いんでしょう？」とよく訊かれるが、私自身は特別なスイマーというわけではなかった。夏休みに週三回くらい学校で泳いではいたが、めちゃくちゃ速くはなかった。私も含め、オリンピック選手を育てたコーチに、選手時代に有名だった人間は少ない。これは競泳の特徴と言えるかもしれない（これについては、後で詳しく述べたいと思っている）。

私の小学校中学年から高学年は、水泳というより勉強色が強かったが、幸いなことに早稲田中学に合格することができた。入学後、部活を何にしようかと考えたが、球技は好きだけれど得意なわけではないので（競泳選手はオリンピックに出るような選手でも、驚くほど球技を苦手とする選手が多い）、小学校のときの流れもあって、水泳部に入部することにした。

早稲田中学は高校との一貫教育で、私は六年間を過ごしたのだが、進学校ということもあり（当時は早稲田大学にエスカレーターでは行けなかったので、ほとんどの学生が大学受験の勉強を必死でやっていた）、部活動はあまり盛んではなかった。水泳部とはいっても、冬は泳がず、夏だけ泳ぐというスタイルだった。いま思えば、一年間を通してトレーニングを積んでいれば、もう少し成長できるチャンスはあったと思う。そんな自分が水泳にこだわることになる「出来事」が中学、高校のときと、二度あった。

悔しさがモチベーションにつながる

小学校のときは、平泳ぎの選手だったが、中学、高校では自由形に転向した。部活動の中ではダントツの選手ではあったが、東京のレベルとなると話は違った。中学三年生のとき、全国中学大会への予選で私は〇・一秒差で予選を突破することができなかった。

当時はまだタイムを計るときに、電光計時というものはなく、ひとつのコースにつき三人の審判員がついて、ストップウォッチでタイムを計っていた。手動計時というもので、三人の審判員が計ったタイムのうち、真ん中のタイムが採用されるというシステムになっていた。

この「真ん中のタイム」が〇・一秒及ばず、私は全国中学への出場を逃した。しかしこのときの悔しさが高校でのモチベーションにつながったと思う。

ところが、高校二年生のときに四〇度くらいの熱が一週間続き、体重が五キロほど減ってしまったことがあった。その影響で高校二年生のシーズンはほとんど棒に振ってしまい、不完全燃焼の面があった。早稲田高校では高校二年生のシーズンが終わると、ほとんどの選手が大学受験に備えるために部活動を引退する。

しかし私の場合、中学三年生のときの悔しさがあったのと、高校二年生のときの不完全燃焼ということも重なって、一年くらい浪人してもかまわないと思い、三年生になっても部活動を続けることにした。

しかし高校の部活だけでは限界がある。そこで高校二年生の冬の間、家の近くにあったセントラルスポーツに通うことにした。セントラルと言えば、のちに鈴木大地が金メダルを獲り、一躍注目を集めるようになったが、私が通い出したころは、セントラルの選手が力をつけ始めた時期だった。ところがインターハイの東京都の予選で、またも〇・一秒の差でインターハイ出場を逃してしまった。

別に運が悪いとは思わなかった。自分はそれだけの選手だった。

それでも中学に続いて、高校でもあと一歩のところで全国大会に出られなかった悔しさが大学でも水泳を続けようという気持ちにつながった。浪人覚悟での部活動ではあったが、幸いなことに早稲田大学社会科学部に推薦入学することができることになり、だんだんと大学で水泳を続けたい、という気持ちが強まっていった。

マネージャーに転向して分かったこと

早稲田大学の水泳部は、「稲泳会《とうえいかい》」と呼ばれ、過去に何人もの選手をオリンピックに送り出してきた名門クラブである。そんな名門チームに、全国大会に出場した経験のない私が入ったのだから、練習についていけず、毎日しんどい思いをすることになった。

一九八二年に私が入学した時期は、稲泳会がもっとも弱い時期だった。二年生のときは、早慶戦で五〇年ぶりくらいで負け、大学水泳界ではシード校制が採られているのだが、シード校落ちして、部員も少ない苦しい時期だった。私の同期の部員は私も含めて三人だけという状態で、しかも私以外のふたりは理工学部の学生である。早稲田には当時、教育学部に体育学専修という学科があり、ラグビー部や野球部の花形選手はこの学科に多く在籍していたが、私の同期はゼロだった。

しかし私が三年生になった八四年、稲泳会は復活ののろしを上げた。八四年といえば、ロサンゼルス・オリンピックが開催された年である。その年の四月に奥野景介（現・稲泳会監督）、松田成利という有望な一年生が入部してきた。そこで新人を鍛え、オリンピックを目指そうということになり、三年生の中からマネージャーを選ぶことになった。稲泳会でのマネージャーの役割は重い。日常の練習の計画、管理といった選手のトレーニングの面から、部費の管理などの実務面も担当しなければならない。もともとは理工学部の部員に話がいったのだが、勉強が忙しくてできない、ということで私にお鉢が回ってきた（ちなみにこの理工学部の同級生は、現在ある新聞社の水泳担当として私や康介を取材する立場になっている）。

ここは決断の時だった。マネージャーになれば、選手としての人生は終わりになる。たとえ泳ぐのが遅くても、選手として泳ぎ続けたいと思っていた。中学、高校のときの悔しさがあってこそ、苦しい大学の練習にも耐えられたという思いもあった。泳げないのなら、やめてしまおうか。そう考えたときもあった。

こんなことを考えていたとき、はじめて両親や高校のときの友人に相談をしたのだが、みんなから同じようなアドバイスを受けた。

「せっかく入部したんだから、やめることはない。続けたらいいじゃないか」

もしこのとき、稲泳会をやめていたら、康介に出会うこともなかっただろう。そうアドバイスをもらったものの、実際のところはいやいやながら部に残ったのだった。しかし人生は分からない。後輩である奥野との出会いが私の進む道を変えることになる。

才能の大切さを気づかせてくれた選手

「奥野の面倒を見てくれないか」

と言ってきたのは、当時、稲泳会のヘッドコーチを務めていた角間三雄さん（故人）だった。奥野は自由形中距離の選手で、入学当初は日本で四、五番手くらいのランキングにいて、オリンピックに出られるかどうかの微妙な位置だった。

角間さんは新任のコーチで、一九九二年のバルセロナ・オリンピックのときには日本のナショナルチームのコーチにもなり、大躍進に貢献された。角間さんの姿勢には学ぶところが多かった。

まず、練習には必ず顔を出して、選手を見てアドバイスする。大学のコーチは、仕事を持ちながら週末だけ顔を出すというパターンが多いのだが、これだとどうしても理屈が先行してしまう。選手をつぶさに観察することができないので、理屈優先になってしまうのだ。

そうなると学生のほうも生意気盛りなので、たまに実績のあるＯＢが来て、

「俺たちの頃は……」

という話をされても、最近は違うんだぞ、と反発してしまう。説得力がないのだ。その点、角間さんは毎日プールに顔を出して、ポイントを指摘していった。「現場主義」なのだ。それでも角間さんはあまり話が上手なタイプではなかったので、言いづらいことがあると、

「平井、お前から言っておけ」

と帰ってしまうことがあった。私はほとんど大学三年生の中間管理職だった。「なんで俺から言わせるかな、部員に小言を言うのは俺の役目かよ……」となんだか悲しくなることもあったのだが、その情熱には頭が下がる思いがしていた。

その角間さんから奥野の練習の面倒を見てくれと指名されたことが、コーチングの道に進むきっかけになったのである。

私と奥野はともに自由形の選手だった。だからこそ、私は自分と奥野との才能の差を分かりすぎるほど、感じていた。レベルがあまりにも違いすぎたのだ。

「人間には、才能の違いというものが、確実に存在するものなんだな」

と大学三年生の私は実感した。自分なりに大学に入るまで真剣に水泳に取り組んできたつもりだったが、奥野の前では勝負にならなかった。水泳の世界ではじめて「才能」を問

近で見たという気がした。

生きていると、自分の周囲に「才能」を感じさせる人間が存在する。多くの人は小学校のときに自分より足の速い人間がいる、勉強ができる人間がいる、ということを発見する。私の場合は、進学校に通っていたこともあって、勉強の場で才能を感じる人間がいた。四人揃ってよく遊んでいたのに、四人揃って現役で東大に合格した同級生。

しかし勉強という面でいえば、才能ある人間が「努力」する場を見ることはできない。部屋にこもって机に向かっている時間帯こそが、才能が磨かれている場だからだ。

ところが奥野の才能は、プールで間近に接することができた。しかも奥野は努力を惜しまなかった。凡才にとっては、才能のある人間に努力されたらかなわない。

奥野を見始めて三カ月目の六月に、オリンピックの選考会があった。水泳の国内選考会というのは、独特の雰囲気があるものだ。水泳の場合は、それまでの実績が考慮されることはなく、本番で優勝、あるいは二位に入らないことにはオリンピックや世界選手権などの国際大会に派遣されない（現在はもう少し厳しくなって、派遣標準記録というものを突破しないと出場できない）。非常に緊張を強《し》いられる大会である。

オリンピック出場には微妙な位置にいた奥野だったが、三カ月間で成長を遂げていた。四〇〇m自由形で優勝し、オリンピックで泳げることになったのだ。奥野がオリンピックで泳ぐ。才能のある人間が一生懸命頑張ってオリンピックに行く。文句のつけようがなかった。これが自分にとって、初めてオリンピックに接する機会となった。

指導者には謙虚さが必要

水泳界ではオリンピックにコーチとして参加している人の中に、自分も選手としてオリンピックで泳いだという人はあまりいない。選手としての実績がほとんどない人が、第一線で頑張っている。

ある意味、私がコーチとしてオリンピック選手を送り出すことができたのも、ひょっとしたら自分が選手としてはまったく実績がなかったからかもしれない。

私が大学三年生のときに、奥野が入ってきたときも、不思議と嫉妬《しっと》は感じなかった。自分と同じ種目だから自分より速い人間が入ってくれば、それだけ選手としての地位は低下してしまうし、試合に出るチャンスも少なくなる。学生は若いし、自分より才能のある選手を見たときに、嫉妬を感じる人間もいる。しかし私の場合は選手としての実績がなかったので、奥野を見たとき、素直に、

「コイツは素質がある」

と思えたのかもしれない。

もし、私にもうちょっと実績があって、たとえばオリンピックに行き損ねたというようなポジションにいたら、多少は嫉妬を感じたかもしれない。私にとって幸運だったのは、選手としての実績がなかったからこそ、素直なメガネを通して才能を見ることができたことだ。少しでも自分に才能があったら、歪んだレンズで他人を見てしまっていたかもしれない。

自分でもある程度の成績を残したことがあれば、指導する場合にどうしても自分の体験が含まれてしまう。その体験の中の負の部分――こだわりやコンプレックス――がメガネを曇らせてしまうことはあり得る。

しかし選手として成功した人が、コーチとして素養に恵まれていないかというと、そんなことはない。

肝心なのは、自分の前に「才能」が現れたときに、その才能をあるがままに受け入れる「謙虚さ」が大切なのだと思う。

大手保険会社の内定を断り、水泳の道へ

奥野はロサンゼルス・オリンピックで泳ぎ、ひとまわり大きくなって日本に帰ってきたように思えた。しかし奥野は私が育ててオリンピックに出場させたというわけではなかった。

実際に練習メニューを考えたわけではなかったし、プールで練習に励む奥野のタイムを計ったりして、彼のオリンピック行きをバックアップさせてもらった、というのが正しいと思う。それでも一緒に練習できたことは、私にとって大きな財産となったし、何より楽しかった。

四年生になってからは、自分で練習メニューを組ませてもらえるようになった。これは早稲田の他の体育会にも言えることのようだが、学生の「自治権」が強い分、学生が指導的な立場に立つことも多く、人間的に成長する機会が多いように思う。

振り返ってみると、四年生の自分には水泳に関して知識が豊富ではなかったし、学生が練習メニューを立てるところに、稲泳会としての弱点があったのかもしれない。

それでも大学で経験した練習をもとに、自分なりに一生懸命考えながら、部員の練習メニューを作っていく作業は、楽しくもあった。

そして大学四年生という時期は、自分の将来を考える季節でもあった。就職である。私が就職活動をした一九八五年当時は、不景気に影響された現在の職業観とは違って、就職は自分の一生を左右する重要な岐路だと考えられていた。その分、親からのプレッシャーも強いし、社会的にも重要な「通過儀礼」だったと思う。

八〇年代は、大学の体育会で活動している学生は、引く手あまたの時代だった。実際に大手企業で働く先輩も多く、私は広告代理店や生命保険会社を就職先に考えるようになった。そして実際に何社か面接を受けたのだが、今でも印象に残っている面接がある。生保会社の面接だ。自分も若かったので、面接官に対してとんでもない質問をした。

「社内恋愛はありますか？」

その社員の方はまじめな顔で、こう答えた。

「ある。みんなだ」

「そうしたら、社内結婚も多いんですか？」

「そうだ。僕もだ」

「そうですか。じゃあ、お願いします」

なんとも恥ずかしくなるような会話だが、こんな会話をしているうちに内定をもらってしまったのである。社名を聞けば誰もが知っている企業だったし、実際に両親もすごく喜んでくれた。

だが就職してから、どんな仕事をするか想像もつかず、奥野がオリンピックに行ったことで、水泳の世界に残って、コーチの道を歩んでみたいという気持ちが徐々に強まっていく自分に気づいていた。

そこで生命保険会社から内定はもらってはいたものの、一度、ヘッドコーチの角間さんに自分の将来のことについて相談しに行った。稲泳会のOBは各クラブに散らばっていることもあり、角間さんからイトマン、セントラル、東京スイミングセンターなど、いくつかのクラブは紹介できる、と言われたのである。

スーツを着て、生命保険の営業をしていくのか。

それともプールで、選手を育てていくのか。

しかし自分の将来を決断するには、大学四年生では十分な情報があるとは限らない。迷っていた時期、稲泳会のある卒業生にOB会費を徴収しに行ったとき、印象的な言葉をいただいた。その卒業生の方は銀座にオフィスを構える石炭会社に勤務されていた。学ランを着てOB会費を取りにきた私にこんな話をしてくれた。

「お前、いま何年だ？」

「四年です」

「就職活動しているのか？」

「はい」

そこでOBの方は、私にからんできた。

「俺みたいなサラリーマンは、うらぶれた会社にいると思っているんだろう、この野郎」

否定するのだが、聞いてくれない。

「これでも石炭会社といえば、俺が就職する頃は、日本のトップ企業だったんだ。今、いい企業に就職しても、将来はどうなるかまったく分からないんだ。だから俺からお前に伝えられるのは、行きたい企業に行け。好きなことをできる企業に行け、ということだ」

申し訳ないことに、私はそのOBの方の名前は覚えていない。しかしこの会話が、自分の頭の中にずうっとひっかかっていた。

生命保険会社に就職すれば、生活は安定するし、一年目から一〇〇万円を超えるボーナスが出るといわれていた。それでも最後は自分の気持ちに素直になることにした。

「やっぱり自分の好きな仕事をしよう」

そう考えて、生命保険会社の内定を断り、自分が子供の頃に通っていた東京スイミングセンターにお世話になることに決めた。そして有楽町の公衆電話から家に電話をかけた。母親が出た。

「実は……生保の会社、断ったから」

電話の向こうで母親は黙ったままだった。そしてひと言、

「もう帰ってこなくていいから」

と言われた。

大手企業に内定が決まり、親としては安心していたのだと思う。しかし自分の息子が内定を自分から蹴ってしまうとは、想像もできなかったのだろう。

八月のお盆前の出来事だったのだが、それから二カ月ほど、親と顔を合わせることはなかった。就職してからも親が自分の仕事を認めてくれるまでには、長い時間がかかった。

そして一九八六年四月、東京スイミングセンターで、自分のコーチとしてのキャリアがスタートし、一〇年後に康介と出会うことになったのである。

第3章

人を教えるということ

子供と接することで、教え方を学ぶ

大学在学中は、体育会にいたこともあって、詰襟で過ごしていたのだが、一九八六年の四月、いよいよコーチとしての人生がスタートした。

いま思い出すと恥ずかしくてたまらないのだが、東京スイミングセンターに入社早々、みんなの前で、

「オリンピック選手を育てるために入ってきました」

と偉そうな口をたたき、みんなから、

「この野郎、生意気だな」

と思われてしまった。

しかし就職して、コーチとして練習にたずさわってみると、大学時代は「ああ、なんていい加減なことやってたのかな」と、反省することしきりだった。

水泳のコーチというのは、アマチュアではない。所属クラブから給料をもらい、泳げない子供に水は怖がらなくていいよと教え、才能のある子がいれば、より能力を伸ばしてあ

げる「教えるプロフェッショナル」だ。東スイには目標の大会を目指して、選手をどの時期にどんなトレーニングをさせるのか、そういった計画、知識が蓄積されており、大学時代の自分の練習計画がいかに稚拙だったか、思い知らされることになった。

しかし、最初からオリンピックを目指す選手を教えるわけではなかった。東スイには一般の会員の方向けのコースや、まだ水に顔をつけられない小学生向けのコースなど、様々なコースがある。小学生の中でメドレー四泳法まで泳げるようになると「選手コース」にステップアップし、全国大会を目指すようになるのだが、私が最初に担当したのは選手コースではなく、小さな子供や一般の方にクロールを上手に泳げるようにするコースなどだった。選手コースを担当するようになったのは、丸四年が経過してからである。

しかしこの時代の経験が自分の指導法の基礎を作ってくれた。子供を教えることで、私は人に対する指導法を学んでいったのだった。

現在は小さな子供と接することはほとんどなくなったのだが、私は小さな子供を教えるのが好きで、当時は子供をリラックスさせるためにムードを作ることを重視した。

まず、プールに入る前に準備運動をするのだが、必ず子供の中に入っていって、いろんな話をする。子供の中にはスイミングに来るのが嫌な子もいるかもしれない。今日はプールに入るのがなんだか嫌だな、と思っている子がいるかもしれない。私はいつも、子供がリラックスした状態、そして楽しい気持ちでプールに入って欲しいと願っていた。

具体的にどんな話をしたのか、はっきり覚えてはいない。「8時だヨ！　全員集合」のドリフターズのように、

「歯磨けよ」

というような、ちょっとしたアドリブだったかもしれない。そして指導が終わると、みんなでお風呂に入るのだが、そこでも歌を歌ったり、なぞなぞを出したりすることで、なるべく「プールに行くことは楽しいことなんだ」という気持ちを持って欲しかった。

オリンピックを目指す選手でも、プールに行くこと自体が楽しくなければ、つらい練習には耐えられない。まずはそのスポーツを好きになってもらうこと、そして好きだからこそ、耐えられることがあると思うのだ。

そして子供にプールを好きになってもらう過程は、自分にとっても楽しい時間だった。スイミングクラブに限らず、小学校の先生方の中には、幼児や低学年の子供を指導するのは大変だとか、苦労が絶えないという人がいるとは思うが、幸いなことに私の場合、そうした苦労はなかった。

どちらかといえば、自分より年上の、大人のクラスのほうが苦労したくらいだ。

自分の泳ぎを言語化させる

成人のクラスを持ったとき、私は余計なことを考えていた。

「将来、大学生を教えるようになったときに、きちんと説明ができるように、うまくテクニックを言葉に置き換える方法をマスターしよう」

と思っていたのである。

東スイの大人のクラスでは、バカ丁寧に説明したせいか、

「あの人は話し言葉が丁寧だ」

と新卒なのにいきなり二八、二九歳くらいに思われて面食らったことがある。そんなに自分では老けているとは思っていなかったのに……。

選手コースを教えるまでには遠回りしたが、大人の方を相手にすることによって、水泳に関する「言語化」の能力というのは、かなり高まったと思う。何事にも無駄なことはないのだ。

水泳とはある意味、教えるのがむずかしいスポーツである。選手は泳いでいる自分の姿

を見ることができず、自分の泳ぎを感覚でしか判断することができない。選手が用いる言葉とは次のようなものが一般的だ。

「今日は水にノッていけた気がします」

「なんだか今日は水が重くて……」

普通の人にはうまく伝わらないかもしれない。

しかし、選手というのは感覚を大切にするようになるものなのだ。いつも同じプールで泳いでいても、肌で感じる水は日によって感覚が違う。この違いが分かる「感覚」こそ、大切にする必要がある。これはその選手それぞれの「感性」を表しているからだ。どんな言葉を使って説明してくるか、それは選手の個性である。だから練習や試合の後、まず自分の泳ぎを選手に総括させるのは大切なことである。

選手にしてみれば、水泳というものは、自分の感覚と、泳いだ後のタイムでしか泳ぎの「質」を判断できない。ただし、プールサイドで見ているコーチの目からは、泳ぎのテクニック、ストロークやキックの巧拙が分かる。これを言葉に置き換えるときが、コーチの能力が問われる部分である。

このとき、選手に理解してもらい、修正できるようにするには言葉を選ぶ必要が出てくる。別にむずかしいことではない。選手が納得して、自分がいい部分と悪い部分に気づくようにするだけだ。

ただしコーチには、選手に納得させるときに、落とし穴がある。プールから上がってきた選手に、自分の意見をいきなりまくしたててしまうことである。実はこれは私自身の失敗が教えてくれた教訓だ。

観察する。気づく。選手に話す。

これがコーチングの現場の基本である。しかし気づく↓選手に話すという段階で、自分の意見をまくしたててしまうと、選手はずっと受け身になってしまい、自分で考える時間がなくなってしまう。そうなると選手は「ロボット」だ。これでは選手が年齢的に成長してから、伸びがなくなってしまう。

そこで考えたプロセスが次のようなものだ。

観察する

↓

気づく

↓

選手に考える時間を与える

↓
まず選手の話を聞く
↓
そして選手に話す

このプロセスをたどれば、選手が「考える葦」となる。自分の泳ぎを反省し、言語化してくるので、自分がアドバイスするときのヒントをつかむこともできる。このプロセスを踏むことで、選手に自立を促すことができると考えたのだ。

レース後、選手より先に話してはならない

レースを選手自身に振り返ってもらうには、それなりの段階を踏まなければならない。私が採っているプロセスは次のようなものだ。

まず最初に、レースが近づいてきたら、今回のレースのテーマは何々だ、ということを練習の段階から話して、意識付けを行っていく。そして最後、レースの直前になったら、新しいことは言わず、確認ということで、これまでやってきたことを復習する。

そしてレースが終わって選手が帰ってきたとき、まずは自分が言いたいことを我慢するのがコーチの仕事だ。コーチというものは、お前、今日のレースはこうだったぞ、と自分が総括したことを選手に話してしまいたくなるものなのだ。そこをグッとこらえて、まずは最初に選手の意見を聞いてみる。そしてテーマに沿って質問した上で、コメントしたり、選手と情報を共有していくという手段を採ったほうがいい。

何よりも、コーチばかりが課題を見つけて与えていたのでは選手の自主性が育たない。選手が自分で冷静になってレースを振り返ることが大切なのだ。

康介には高校一年生のときから、この儀式をずっと続けている。最初はなかなか言葉も出てこなかったが、最近では自分と康介が持つ感想にズレがなくなってきた。このやり取りをしたおかげで、お互いの水泳に対する考え方を共有できたからだろう。

なぜ、このようなプロセスをたどるようにしたかというと、以前から外国の選手はレース後のコメントをしっかりした言葉でまとめるのがうまいな、と感じていたからだ。ふだんからそうした訓練をしていないと、一朝一夕にはできない芸当である。

特にアメリカの選手などは、一〇代だというのにしっかりとした受け答えができる。アメリカチームには、広報専門の人がいて、インタビューに対する練習もするらしいので、このあたりの考え方はスポーツ先進国アメリカならでは、と感じさせる。

それならば、自分の担当する選手もコメント上手にしたい、と思ったのがきっかけである。そうすることで選手も成長する機会があるかもしれないからだ。

アトランタ・オリンピックのときは、競泳の選手の言動が国内でずいぶん波紋を呼んだということも、頭にあったかもしれない。水泳選手は幼いといったバッシングがメディアから起きて、そのとき私はオリンピックに出るようになると、一挙手一投足、ひとつひとつの発言が世間にさらされて、想像もつかないことが起きるんだなあと考えていた。そこで泳ぎで強くなると同時に、康介にはそうした人間的な部分、水泳以外の面も一緒に強くなって欲しかったのだ。

康介は全国中学で優勝したこともあり、もともとメディアの前で話すことは多かった。中三のときには、

「日本のトップで戦えるような選手になりたい」

と言っていたので、高校一年生のインターハイのときに、前の晩に、「よし、勝った後のリハーサルをやろう」ということになった。去年は日本で戦える選手と言ったから、今年は、世界のトップって言ったほうがいいぞ、とアドバイスし、康介は「世界を目指す」と翌日話した。ふたりでインタビューの練習をしたのはこのとき一回だけだが、高校生も終盤になってくると、康介も成長して、私のところに来て話す前にマスコミのインタビューで、

「今日は前半がいい感じで入れました。そういうときのほうが、意外と後半も伸びるんですよ」

などと泳ぎのまとめをインタビューの場で話すようになっていた。それは私も望んでいたことだった。

表現が豊かな選手ほど、強くなれる

しかしこうしたアプローチがすべてうまくいくとは限らない。中には「今日はどうだった？」と訊いても、「身体が動かなかった」とか、「調子が悪かった」といった素っ気ない会話で終わってしまう選手もいる。ボキャブラリーが選手としての成長に伴っていないのだ。

指導者の立場にいる者として、ただ泳がされているだけの選手を作ってしまうのは、絶対に避けなければいけない。しかし考えないで泳いでしまう選手には、コミュニケーションを取ろうとしても、次の段階に進めない。

たとえば、身体が重かったという感想を持つときは、レース前のアップが足りなかった場合に起こりやすい。それならば、自分なりに推論を立てて、「アップが足りなかったせいか、身体が重かったんです」とまとめてくれれば、次のレースに向けてステップアップするきっかけができる。

加えて「アップのときに緊張していて」というメンタル面のまとめがあったりすると、

コーチとしては次に打つ手が見出《みいだ》せる。

そうした選手のまとめを聞いた上で、今度は自分がレースで思ったことを選手に話す（本当は話したくてうずうずしているのだが、こらえているのだ）。私が話すのは技術的なことが多い。泳ぎが小さかったとか、タイミングの話をすることが多い。レース前のテーマに沿った形で話していき、じゃあ、次はこうしていこうと話していけば選手との間に建設的な関係が築けると思う。

選手が伸びるかどうかは、テーマを自分なりに消化してレースに挑み、そしてどれだけ自分で整理できるかという部分が大きい。より深く水泳のことを考えていれば、ボキャブラリーも増えるのだ。表現が豊富であれば、それだけレースの結果を次に生かすとき、手札が増える。

残念なことに、意外にレベルの高い選手でも、コーチのコメント待ちになっている選手がまだ多い。コーチからまとめをもらって、言葉の上で「分かりました」とは言っても、それが本当に自分にプラスになっているかどうかは、疑問だと思う。それではロボットと一緒になってしまう。

考え、話し、そして強くなる。それが理想の形だと思う。

「発見」を導くのが指導者の仕事

こうして選手との接し方を考えられるようになったのは、子供のクラスを持ったことが大きく作用していると思う。正直、最初から選手コースを持ちたかったという気持ちはあった。みんなの前で「オリンピック選手を育てます」と宣言したのだから、日本のトップレベルの選手を指導してみたいのは山々だった。

そして東スイには青木剛先生という大先輩がいた。私からすれば、雲の上の人である。当時、青木先生は東スイで選手クラスを指導されていた。私は新入社員だったが、朝練習を見学させてもらったりしていた。図々しくも先生を飲みに誘ったりして、いろいろな話を聞かせてもらった。そして進んで朝練習を手伝わせてもらったりした。

飢えていたのだと思う。なんとかしてオリンピックとは言わずとも、日本選手権を目指せる選手を指導してみたかった。

しかし結果的には、最初に選手クラスを持たずに子供や一般クラスを持ったことが、自分をコーチとして成長させてくれたと思う。スイミングクラブのコーチはまず、泳げない子供を泳げるように指導していく。段階を追って、水を怖がらなくていいと教え、プールの中で目を開けることで、新しい発見があることに気づかせてあげる。

あくまで「発見」するのは子供たちであって、大人ではない。大人であるコーチは、発見を導くことが仕事だ。そして泳げるようになるために、正しい蹴伸びの姿勢を教え、バタ足、手のかき、そして息継ぎを教えていく。つまり、泳ぐメカニズムというものを、分解して教えていく。

これは水泳だけでなく、陸上や球技にも共通していると思うのだが、速く走ったり、サッカーのシュートを決めるにも、メカニズムというものがあるはずだ。走る、蹴るといった行為を分解して考えることで、選手の長所や短所も見えてくる。行き詰まったときやスランプに陥ったときなど、初心に帰って物事を分解して考えると、課題がクリアになる場合があるのだ。

私は東スイで子供を教えることで、この「分解」の過程を学んだ。泳げない子が泳げるようになっていく。大学生を指導しているときは、泳げるのが当たり前という前提で指導していくが、子供の場合だと、だんだん上手になっていく過程を見ることができる。

何人もの子供たちと一緒にプールで過ごしたこの時期に、私は選手の観察眼を養うことができたのではないかと思う。

なぜできないかより、なぜできたかを考える

コーチになりたての頃は、プールで子供を見ていると、いろいろと考えさせられることが多かった。毎日、毎日、疑問が湧いてきたものだ。

息継ぎができなかった子が、急にコツをつかんでできるようになったりする。そうかと思うと、順調に成長していった子が、急に伸びが止まることもある。それに水泳界では「浮く」という言葉をよく使うが、身体の力が抜けていれば、自然と身体は浮く。これはひとつの才能なのだが、言葉で説明しようとすると、なかなかむずかしい。

指導者にとって必要なのは、

「こんなのはできて当たり前だ」

と思うのではなく、

「どうしてできるようになったんだろう？」

と常に疑問を投げかけていくことではないかと思う。なぜ、Ｗｈｙ？　常に物事に対して問いかけをしていくことが、結果的に観察眼を養うことにつながる。

プールに入ってきた途端、泣き出してしまう子もいる。お母さんから離れて、自分ひとりになってしまうのが嫌なのかもしれないし、水が怖いのかもしれない。水が怖いとしたら、顔に水がかかるのが嫌なのかもしれないし、嫌な思い出があるのかもしれない。大切なのは、原因を突き止めたら、それをどうクリアさせるかということだ。

怖いとしたら、どうやってその恐怖を取り除いてあげるのか？　その方法を考え出すのがコーチの仕事である。このアプローチは、世界記録を出した康介を指導する方法とまったく変わらない。不調の原因は何か？　あるいはなぜいま、康介は調子がいいのか？　そう問いかけたとき、理由が浮かび上がる。調子が悪ければその原因を取り除いてやり、調子がいいならば、もう一段階ステップアップするためのヒントを探る。

ある意味、自分に問いかけを行っていくのは、指導者にとって必要な「頭の訓練」なのだ。もし大人のクラスばかり担当していたのでは、こうした発想法を手に入れることはできなかったかもしれない。大人がなかなか泳げなくても、

「週一回じゃ、あまり上達しないよなあ……」

で済ませてしまったりするからだ。大人に対しては理屈で説明できるので、なかなかなぜ、というところまでは踏み込んで考える必要がない。子供と接することで、問いかけの機会が増えたこと、これは私にとってはすごく恵まれたことだった。

男子と女子との距離の取り方の違い

スイミングクラブでは男の子と女の子が一緒になって練習する。オリンピック選手になってもメニューはそれぞれ違うのだが、距離や泳法によって男女が一緒になって、グループごとに指導する機会が多い。しかし男子と女子を指導する場合、接し方はどうしても違ってくる。

小学生の頃は、ジェンダー（性別）は関係ない。それでも小学校高学年になってくるあたりから、男の子は男性に、女の子は女性に成長していく。

私がアトランタ・オリンピックの頃、日本の水泳界を見ていて感じたのは、コーチと選手が小中学校のときの距離感のまま、大学生になってしまう例があるということだ。コーチがいなければ何もできない状態では、選手としてだけでなく、人間的にも成長したとは言えない。

選手もコーチに依存するし、コーチも選手に依存してしまう。どちらかと言えば、女性のほうがコーチに依存する割合が高いかもしれない。これも一概には言えず、印象にしかすぎないが、女性を自立する方向に導くのは、これからの指導者に求められることだと思う。それでも最近は、トップクラスの女子の平均年齢は上がっているし、それも選手が自立してきた証拠だと思う。そして自立した先輩たちを見て、次の世代の選手の自立が促されるはずだ。

康介の場合は、高校二年生のときくらいから、徐々に距離を取るようにした。あまりいろいろなことに関与しすぎると、たとえばプライベートなことにも首を突っ込むと、コーチと選手という関係がおかしくなってしまう。

ただ、女子の選手の場合、この距離を近づけたほうがいい場合がある。選手によっては「いつも気にかけていて欲しい」と思う選手もいるからだ。この辺の距離の取り方は、個人差があるので、正直、むずかしいところではある。

距離感を間違えると、その選手だけでなく、教えている選手全体にも影響が出てしまう。具体的な形としては、「嫉妬」という形で表現される。

康介とシドニー・オリンピックを目指している頃、ある選手が、

「平井先生は康介ばっかり見ている」

と言っているのを間接的に聞いた。私には直接言ってこなかったが、正直、まずいと思ったし、集団を指導するときのバランスの取り方は本当にむずかしいと思った。その頃、

康介にはウェイトトレーニングが必要だと考えていたので、練習が終わった後、ふたりで大塚にあるジムに通うようになったのだが、

「なんで北島だけ……」

と他の選手が思うのも無理はなかった。このときは、ふたりで得たウェイトトレーニングの知識をみんなに還元するということで納得してもらったのだが、選手との距離感というのは、非常に微妙でむずかしいものである。

女性の場合はもう少し複雑で、Aという選手を強くしたいから、あえてBという選手に指導時間を長くして、Aのやる気を起こさせるという複雑な方法もある。要は選手のそれぞれの性格によって、対処していくしかない。

実際、合宿などを別にすれば、高校時代の康介とは一日に三、四時間しか顔を合わせなかった。土曜、日曜は長くて六時間くらい練習するが、月曜は休みで、高校生だから学校にいる時間のほうがはるかに長いのである。

コーチとしては選手の生活をすべて把握したいという誘惑もあるのだが、学校の友だちや私生活を大切にして欲しいという気持ちもある。オリンピックを目指してはいるが、普通の高校生と同じような生活もしないと、後になってしわ寄せがこないとも限らないと考えていたからだ。

目標を身近に感じさせる存在

東スイで子供のクラスを持って三年目、その間に日本の水泳界では大きな出来事が起きた。

一九八八年のソウル・オリンピックで、鈴木大地が一〇〇m背泳ぎで金メダルを獲得したのである。これは指導者にとって、大きな励みとなるものだった。大地はセントラルスポーツの鈴木陽二先生と二人三脚を組み、ソウルに標準を定めて見事、金メダルを持ち帰った。

一九七二年のミュンヘン・オリンピックの田口信教さん、青木まゆみさん以来、一六年ぶりの金メダルの獲得に私自身も興奮し、将来、オリンピック選手を育てられたらという思いを新たにした。

そして思いがけない展開が起きた。東スイのヘッドコーチだった青木先生が日本水泳連盟の競泳委員長に就任することになり、東スイ内でコーチがそれぞれ繰り上がることになり、私が選手コースの中で上から三番目ぐらいのクラスの担当に就任することになった。

そして一九八九年には、東京で行われたパンパシフィック選手権に、東スイの先輩から、

「平井、勉強で日本チームのコーチに行ってこい」

と言われたのだ。

それまで所属の東スイで何の実績もない二六歳の青二才が、いきなりナショナルコーチになってしまったのである。これは生意気な私にとってもかなりの負担になった。

しかしこのときの経験が、私には大きなプラスになった。

パンパシフィック選手権では、アメリカのジャネット・エバンスが八〇〇m自由形で世界記録をマークし、平泳ぎでは同じくマイク・バローマンが目の前で二〇〇mの世界記録をマークした。

バローマンが出した世界記録は、後に康介が破るまでずうっと保持されていた記録だった。このときのバローマンの泳ぎを、現場で見たのも何かの因縁かもしれない。これまで東スイのプールで子供たちを指導してきた私にとって、いきなりのナショナルチームのコーチは負担でもあったが、世界のトップクラスの選手の泳ぎを間近で見たことは、大きな刺激となった。

刺激というものは、指導者にとって常に大切なものだと思う。刺激を受け、それに応えるエネルギーが自分にあれば、指導者として成長し続けることができるような気がする。

そのためには刺激のある現場を、この目で確かめなければならない。

そうした生の現場の実感を見ることのほかにも、「人間」から受ける刺激もある。パンパシフィック選手権では、日本チームのヘッドコーチを鈴木陽二先生が務め、その他のチームのコーチと接したことが私にとっては刺激となり、大きな財産になった。他のコーチとつながりができたことで、世界を目指すという連帯感だけでなく、

「自分の選手をオリンピック選手に育てるぞ」

という競争心も芽生える。他の人と接することでモチベーションを保っていくということは、コーチという指導者が成長を続ける上で、とても必要なことだと思う。

特に鈴木陽二先生と話す機会が持てたのは、自分にとって貴重な経験になった。なんといっても、金メダリストを育てた本人である。それまでも大地の練習を見学させてもらったりすることはあったが、やはり同じチームで一緒に行動し、話を聞くことで、自分の考え方が変わっていくのが感じられたのだ。

「金メダルって、こんな身近にあるんだなあ……」

という実感が湧いた。大学のときは、後輩の奥野がオリンピックで泳ぐことで、オリンピックという存在を自分の距離で感じることができた。しかし鈴木先生と話すことで、「金メダル」というものを、実感としてとらえることができるようになったのだ。

自分が幸運だったと思うのは、康介を預かったときに、早い段階からオリンピック、そして金メダルというイメージを描くことができたことだ。それはやはり青木先生や鈴木先生など、世界と戦ってきた先輩方と接した経験があったからこそできたのだと思う。自分のレベルより上で戦ってきた人間と接すること、それは自分の世界を大きく広げてくれることを意味していると思う。なにより、コーチが成長し、世界と戦うレベルを保たない限り、選手だって戦えない。

鈴木大地の金メダルが日本の水泳界を大きく変えたのは間違いない。その中身はみんな「金」を想像しながら選手を指導するようになったことだ。

それまでは自分たちが指導するゴール、そこに金メダルという目標はなかったと思う。そこまでの目標を掲げられる想像力は、誰も持っていなかったのではないか。

しかし「鈴木大地以後」は、

「金メダルを狙って強化を進めていけば、もしかしたら獲れるんじゃないか」

という意識に変わったはずなのだ。

この時点では、まだ選手コースを受け持ったばかりだったし、「金メダルを獲ろう」とは考えてはいなかったが、レベルの高いところで戦っている人たちと知り合えたこと、これはすごくうれしいことだと感じた。

もっともこのときのパンパシフィック選手権が終わり、東スイに帰って指導を始めると、「平井を外に出してみたら、生意気になって帰ってきた」と言われてしまった。思い返すと、上の立場の方からすると、二六歳の扱いにくい人間だったと思う。

いま、康介を指導する立場になり、自分が鈴木先生のように他の指導者の人たちにも刺激を与えられたら、と思わずにはいられない。大地の金メダルがあったからこそ、私たちの世代の指導者は頂点を目指そうと考えたわけだし、金メダルを獲ることは、将来の日本の水泳界にも大きな大きな刺激になっていくのである。

この循環を私は途切れさせたくない。

失敗の数だけ、
成功に近くなる

やる気があるからこそ、失敗を招く

これまでの自分のコーチ歴を振り返ってみると、本当に失敗が多いことに気づかされる。そして、担当した選手たちに悪いことをしたと考えることもある。幸いにも康介に出会い、世界記録をマークする選手を教えることになったが、自分が失敗したことはなかなか忘れられるものではない。

八九年から、はじめて選手コースを担当したが、このときの経験は苦いものがある。そしてその失敗から私は多くのことを学んだ。

入社四年目、東スイで選手コースを担当するということは、すぐに全国レベルの選手を教えるということだった。

だからこそ、自分にとっては大きなチャンスだった。担当したのは小学校五年生から中学校二、三年生の生徒が集まるクラスで、高校生以下の選手にとっての全国大会であるジュニア・オリンピックに出られる選手と、出られない選手が混在したクラスだった。

正直、入社して四年間は小さな子供たちや一般の大人を指導してきたわけだから、四年分の考え、四年分の情熱が自分の中に存在していた。やる気にあふれていたのだ。そして実際、結果が出た。

担当したクラスからすぐに、ジュニア・オリンピックや日本選手権に五、六人の選手を送り込んだ。

特に小学生の結果は予想以上で、学童新記録を一〇個くらいマークしたのである。いきなりの成功、本当にうれしかったし、有頂天にもなった。そして自分の指導法にも自信を持った。恥ずかしい話だが、

「俺って天才かも」

と自惚《うぬぼ》れたほどだった。

これならいつか、オリンピック選手を育てられるはずだ、そうも思った。しかしそれが落とし穴だった。

「頑張れ」という言葉の怖さ

自分が初めて選手クラスで担当した子供たちには、特別に思い入れがあった。中には子供のクラスで自分が泳げるように教えて、そして選手クラスへとステップアップしていった子供もいた。そしていい記録が出る。この子たちをうまく育てられれば、オリンピックも夢ではないはずだ、と思っていた。

しかし彼らが成長し、高校生くらいになると、成長が止まってしまった。タイムが伸びず、結果も出なくなる。それがひとり、ふたりではない。自分が面倒を見ていた選手たちが揃って伸び悩んでいた。

失敗だった。

最初の好ダッシュに目を奪われ、私は自分の指導方法を省みる余裕を持っていなかった。最初の成功の理由は簡単だった。選手をとにかく頑張らせた。練習では毎日、毎日、全力で頑張らせた。それが、精神的にも選手を追い込むことになっていたかもしれない。

指導者にとっての落とし穴は、「頑張らせる」ということだ。スポーツにしても、勉強にしても、頑張らせることは、すごく簡単である。声を出し、選手にはっぱをかける。頑張れ、頑張れ、と絶えず声をかけていればタイムも伸びるし、選手も、そしてコーチ自身も達成感を味わうことができる。だからほとんどのコーチは、いちばん簡単で即効性のある「頑張らせる」ことを覚える。

私は最初、毎日、頑張れ、頑張れ、頑張れ、とバカのひとつ覚えのように連呼していた。選手たちも、子供の頃から東スイで一緒にお風呂に入ってきたコーチの言うことを、本当によく聞いて頑張ってくれた。

しかしこの指導法には限界がくる。いまでは頑張れ、という言葉はほとんど使わない。いざというときにしか、使わない。コーチとして経験を積むと、頑張らせるところと、フッと気を抜くところ、このメリハリを考えるようになる。人間だから、緩める部分が絶対に必要なのだ。

しかし当時の私にはその視点が欠落していた。そして私にも選手にも時間が流れるにつれ、余裕というものがなくなっていった。人間、いつまでも頑張れるものではない。

時間が経ってくると、「頑張れ」という言葉の負の部分が見えてくる。頑張れ、という言葉をかけ合う仲というものは、ものすごく密着した関係である。仲がよくなければ、頑張れといっても、言葉のほんとうの意味が伝わらない。

当時、私と選手の距離は、自分が若かったこともあって、本当に近く、父兄との距離も近かった。

必要だったのは、選手が成長するにしたがって、距離を開けていくことだった。子離れと同じようにコーチがいい意味で「選手離れ」をしなければならなかったのだ。

しかし小学生のときから付き合っているせいで、そのままの距離でしか付き合えなくなっていた。選手も小学校高学年くらいまでは、コーチの言うことを純粋に疑わず、聞いてくれる。

しかし女の子だと中学生くらい、男の子だと高校生くらいになったら、コーチの言うことを聞いて、その上で自分で考えて、コーチの言うことを消化していく必要がある。自我も芽生えてくるし、思春期を迎え、選手が「自立」していく必要があるのだ。

ところがこのときは、私が距離感を間違えたがために、選手たちに自立を促すことができなかった。頑張れ、頑張れ、という私の声に一生懸命応えていた選手たちは、自立する機会を与えられないでしまった。

九〇年代も中盤に入って、中学生、高校生とみんなが育っていき、オリンピックを目指せる年齢になって、みんな伸び悩んでいた。コーチが指示しない限り、自分から動けない「指示待ち」の状態になっているところが見られるようになり、そうなると成長がピタッと止まってしまった。

そして、小さい頃は自分より遅かった選手が、自分たちを追い越していく。過去に成績を残しているから、プライドもある。しかし成績が残せなくなってくると、精神的にしんどくなり、悪循環にはまってしまった。

選手が強くなってくると、親も熱心になってくる。そうなると選手はクラブでも家庭でもプレッシャーを感じるようになる。私には選手が家に帰って、どんな距離感で親と接しているのか、それをケアすることもできなかった。

上のレベルを目指すには、親、コーチ、そして環境といったすべての面をうまく作っていかなければならない。選手にとって最高の環境を私は提供することができなかったのだ。

指導者として私の経験が不足していたゆえの、ミスだった。

自分自身もすっかり自信を喪失してしまった時期でもあった。一九八九年、選手クラスをいきなり担当しての成功は、いろいろな意味で尾を引くことになった。

指導者が与えられないもの

一九九二年には自分の教え子と大して年齢の違わない岩崎恭子が、バルセロナ・オリンピックで金メダルを獲得した。自分の教え子でいちばん強い選手はそのとき中学三年生で、全国中学で優勝したが、その後、伸び悩んだ。バルセロナからアトランタあたりまでのこの四年間は、自分の方法に疑問を持ちながらの指導が続いた。

当時の自分を振り返ってみると、選手に対して「主観」が優先されすぎていたように思う。主観的な判断が多くなると、感情的にもなるし、自分の指導をチェックすることができない。

このときの経験が生きて、選手を指導するときには冷静になること、そして自分の練習、そして自分が担当する選手を客観的に見ることが大切だと思うようになった（長い時間がかかったとは思うが）。

選手とはある程度、距離を置く。置いて付き合わないと、選手をダメにしてしまう。コーチと選手との関係は、本当に微妙なものだ。コーチが植えつけられる部分というものもあるが、本人がこうしたい、と言ってきたときに、コーチが手を差し伸べられるものと、差し伸べられないものとがあるということも、このときの経験で学んだ。

端的に言えば、技術を指導者は教えることができる。しかし本人が持っている欲求やモチベーションというものは、ヒントを与えることはできても、そのものを与えることはできないのだ。選手が自分で獲得していくしかない。

日々の練習を頑張り、大会で成績を残して、選手の中にこういう選手になりたい、オリンピック選手になりたい、世界一になりたいというように自分からモチベーションを持たない限り、選手は大きく育つことはないのだ。

スイミングクラブに子供が通うということは、まず、親が子供に通わせることを意味する。

「ウチの子がやりたいからやらせます」

という保護者の方もいるが、そうは言っても五歳くらいであれば親の意思でスイミングに通い始めたはずだ。

だから子供にとっては、その時点で「こうなりたい」という欲求はない。落とし穴にはまるのは、タイムが順調に伸びていき、何がなんだか分からないで水泳を続けていくと、中学生くらいの反抗期や思春期を迎えた時点で、

「自分は本当は何がやりたいんだろう？」と疑問を持ち始めたときなのだ。普通、自分には他の道があるかもしれない、と悩むと思うのだが、そのときまでに自分で考える訓練をしておけば、落とし穴にはまらず、選手は自立した道に進むことができるはずなのだ。

私にできること、それは選手の自立を助け、そして一緒に目標に向かうことだ。自分にとって幸運があったとすれば、自分の指導法を根底から見直した時期に康介を担当できたことだ。

康介を見るようになってからは、プライベートなことは、家庭に任せることにした。家のことは父兄の仕事だと割り切れるようになったのである。私としてはそこまで口を出すべきではないと思ったし、クラブに来たときにお預かりして、自分が教えられることに徹するしかない。限られた時間の中でどう育てていくのか、それが指導者に求められることだと考えたのである。

そしてもうひとつ大切なのは、近視眼的に「頑張れ」と言うだけでなく、長期的な視点を持つことだった。目先の大会でなく、選手の成長を考えながら、何年か先の「ビジョン」を描くことが、大切だと思うようになったのだ。

選手はモノではない。人間だ。だから促成栽培をしてはいけない。当時の私には、徐々に強くしていって、何歳で日本選手権、これくらいでオリンピックを狙おうというビジョンがなかった。

だからこそ、短期的には華々しい成果を上げたのだが（選手も、父兄の方も、そして自分も喜んだのだが）、長期的な視点に立ってみると、もっとも選手として成長しなければならないときに、彼ら、彼女たちの手助けをしてあげられなかった。それは自分が未熟なせいだった。

康介を指導したときには、二〇〇四年のアテネ・オリンピックに照準を合わせ、決して焦らず強化を進めていった。一年、一年、課題を設定して、アテネ・オリンピックへの階段を一段一段上がるようにして強化を進めていくことができた。

だからこそ、焦ってナショナルチーム入りを目指すことはせず、その結果、康介の初の大きな国際舞台が、二〇〇〇年のシドニー・オリンピックということになった。

焦ったら、自分の歩んできた道を振り返る

コーチという職業は、結果がすぐに出る職業だ。

選手の成績が振るわなければ、それは自分の責任になる。そして過去にいい成績を収めていても、いま現在、結果が出せなければ「過去の人」になってしまう。

その点、大地を育てた鈴木陽二先生は、それ以降も現役の第一線で指導を続け、アテネ・オリンピックには三度目のオリンピック出場となる稲田法子、そして森田智巳のふたりの背泳ぎの選手を代表に送り込んだ。

コーチは他のコーチの実績に対して焦ってしまう場合がある。

「俺もそろそろオリンピックの選手を出さないと……」

など、スランプに陥っているときほど、思ってしまう。何事も焦りはプラスにならない。

私にも過去、焦りはあった。私は指導者としては「遅咲き」の部類に入ると思う。特に自分と同世代のコーチたちが一九九六年のアトランタ・オリンピックのときに、選手を送り込んでいたときは、そう思った。

同世代で一番乗りしたのは、川原歩君（セントラルスイムクラブ池袋）だった。彼はバタフライの鹿島瞳選手を育て、アトランタで四位入賞という成績を収めた。

特にアトランタのときは、「しっかりしろ！」と言われたことを覚えている。エールを送られていることは承知していたが、「先越されたなあ」という、悔しい思いが強かった。

アトランタのときに考えたのは、

「川原に比べたら、自分は甘い」

ということだった。何が甘いかといえば、練習も甘い、人間としても甘い、すべて甘い。普通にやっていればオリンピックに選手を送り出せるだろうと思っていた部分があったのかもしれない。そうした感覚を捨てない限り、同世代のコーチから置いてきぼりをくらうことになる、と考えた。

そして何より、アトランタ・オリンピックのとき、プールサイドではなく、スタンドに座っていたのが悔しかった。川原君がプールサイドで、鹿島選手と練習していた風景を、私はカメラに収めた。そして次に鹿島がスタンドにいる私を、写真に撮ってくれた。

すごく、悔しかったのだ。

自意識過剰だったのだが、ふたりに「プールサイドは違う世界なんだよ」と言われた気がしたのである。ああ、スタンドに座ってちゃダメだ、絶対に選手を育ててプールサイドに行かなければ、と思ったのだ。

オリンピックが終わって、「アトランタへの軌跡」という日本水泳選手団の報告書が出されたとき、私は現地サポートのコーチとして、当時を振り返る報告をまとめている。

「四月の選考会に自分の担当した選手を九名出場させ、オリンピック代表にチャレンジさせました。その選手に対して自分が与えた目標はオリンピックの標準記録を切ることでした。その結果、惜しいところまで男子バタフライの選手がいったのですが、残念ながら一名も出場させることができませんでした。その選考会を見ていて、オリンピックでの活躍を想像し、ジェラシーを感じたのを覚えています。

オリンピックはスタンドで小林副会長と観戦しました。初日の朝のアップの時に、プールサイドにいる選手やコーチを見て、自分はスタンドに居て恥ずかしいという気持ちになりました。競争に負けたのに観戦に来ているのには複雑でした。やはり参加することに意義があると。

オリンピックから五ヶ月たった現在、感じることとは、自分たちの目標が出場としていたために、目標が低く、メダルを獲ろうとしていたコーチ、選手に負けてしまったのではないかということです。オリンピックに参加していたコーチに聞いた話ですが、オリンピック代表選手でさえ、コーチ程にはメダルを意識し、狙っていなかったといいます。今思うと、私の選手も私が与えた目標を本当に自分の目標としていたか、と思うと疑問が残ります」

これはすでに康介を担当していた時期に書いた文章だが、当時の自分が考えていたことがストレートに出ていると思う。焦りがある反面、必要なものをつかみ始めていた時期だったのかもしれない。

指導者にとって、焦りとはプラスにならないことが多い。同世代の成功が焦りを生んだのだが、私にとってはそれが転機になった。選手の能力を十分に引き出せなかったという悔いと焦りが一緒になったのだが、そのとき思ったのは、もう同じ失敗は繰り返さないぞ、ということだった。

焦りから負の感情が生まれても、要はそれをうまくコントロールすれば、プラスに変えることができるのだ。

焦ったら、一歩立ち止まって自分のこれまで歩んできた道を振り返る。そして冷静になって自分を見つめ直す。自分の失敗を考えることはかなりつらいことだ。自分の弱い部分と正面から向き合わなければならないからだ。

しかしそこで失敗の原因をしっかりと把握できれば、次に失敗の経験を生かすことができる。

そして私が得た結論は、長期的な視野に立って選手を育てていくということだった。それにはしっかりとした目標設定が必要なことに気づき始めていた。

第5章

有言実行のすすめ

目標は最初から高ければ高いほどよい

アトランタの報告書に書いたように、アトランタ・オリンピックに選手を出場させることができなかったことで、私はコーチングにおいて適切な目標を設定し、それをいかに選手に信じさせることが大切かを考えるようになった。

選手の育成を考えたときに、目標や計画をどこに置くかによって、育て方が自《おの》ずと変わってくるからである。

水泳でオリンピックを目指すような選手は、小学校のときからスイミングクラブに通い、まずはクラブで上位に入り、都道府県、そして全国というようにステップアップしていく。全国規模の大会でいうと、ジュニア・オリンピックやインターハイなどがあるが、多くの人にとっては、こうした日本の全国大会で成功してはじめて、オリンピックを狙えるようになると思う人が多いのではないだろうか。階段を一歩一歩上がっていった延長線に、オリンピックが見えるのではないかと。

しかしそれは違う。

オリンピックは別次元の大会である。階段をひとつずつ上がった最高峰にオリンピックがあるのではなく、オリンピックに行くには、オリンピックを最初から狙わなければならないのである。ひとつひとつの関門をクリアしてからではなく、最初にオリンピックという大きな目標を設定して、その実現に必要なことを抽出していくのである。

つまり最初の目標設定によって、自分が達成できる可能性がかなり違ってしまうのだ。もちろん、能力に合わせた目標設定をしなければならない。オリンピックに行くレベルにない選手にオリンピックを目指させては気の毒だ。

しかし、もしオリンピックで泳げる才能があるのなら、ある時点からオリンピックを目指したトレーニングを始める必要がある。

最初は積み重ねでもいい。

しかしある時点で、オリンピック用の「高速道路」に乗り換えないと、オリンピックには行けない。

最初から日本新記録を狙う

アトランタ・オリンピック前後の反省から、私は康介を担当するようになってすぐに「二〇〇四年オリンピック」の高速道路に乗り換えることにした。焦らずゆっくりと育て、しかも目標は高く。

しかし、高速道路に乗り換えても、いきなりアクセルを踏み込んだわけではない。むしろ、腹を据えたことで八年後を目指した強化プランを立てることができた。

長期計画の利点は、成長を焦る必要がなくなることだ。目先の大会を目指そうとすると、どうしても短期的に厳しい練習をこなさざるを得なくなる。

しかし長期での目標を立て、そしてその計画に乗っている限り、ゆったりとした練習計画を立てることができ、選手に無理な成長を押し付ける必要がなくなる。肝心なのは、指導者がぶれないことだ。長期でやっていると、一時的に結果が伴わなくなるが、そんなときに焦らなければ、選手も不安にならずに済む。

それまでの自分の反省から、康介には中学三年生の時点では、一日に五〇〇〇m以上は泳がせないようにした。もちろん、彼は五〇〇〇mもこなすことはできた。そうすれば短期的な成功も見込めた。しかしあくまで狙いは八年後だった。無理はさせないで育てていく。私は腹をくくっていた。

その代わり、一年ごと、年間に五〇〇mずつ増やしていく。これが方針となった。高一で五五〇〇、高二で六〇〇〇。高三ではシドニー・オリンピックを迎えるから、場合によっては六五〇〇以上泳ぐ。

徐々に、戦える態勢を整えていこうと考えた。二〇〇四年はちょうど大学四年生のときにオリンピックを迎えるわけだから、一〇代で無理をさせる必要はない。発達以上のことを練習で課すと、後々、無理が生じてしまうものである。

その点、段階的に負荷をかけていけば、テクニックだとか、精神的なものも、順調に成長していく。

実際、緩やかに練習を増やしていったわけだが、康介は順調に成長してくれた。唯一、例外となった年は一九九九年で、シドニー・オリンピック出場が狙えそうな位置につけた年だ。アテネを考えたとき、シドニーにはぜひとも出場しておいたほうがいいだろうという判断で、一九九九年から二〇〇〇年にかけては、かなり厳しい練習を課したが、康介はなんとか耐えてくれた。

この方法を採ってよかったと思うのは、康介自身も自分が成長しているプロセスを自分なりに理解できたことだと思う。なぜ、去年より速くなったのか。知らない間にコーチに泳がされたりしていると、選手は自分がなぜ速くなっているか、理解できない。知らない間に成長しているのも悪くはないと思うが、オリンピックを目指す以上、最後に戦うのは自分だから、自分がどういう過程をたどって成長してきたかが分からないと、最後には勝てない。

コーチングの世界には「オーバー・コーチング」という言葉がある。乱暴に要約すると、これはコーチがきめ細かく指導しすぎて、選手が自立できず、試合で力を発揮できないことをいう。

あまり選手に対して「豊か」に指導してしまうと、その分、自分の力が分からなくなってしまう危険性がある。

それまでは練習回数も増やしたほうが、練習環境を整えることになると思っていたのだが、康介を見るようになってからは朝練習を少なくした。その頃から、中学記録や高校記録などを出す必要はないと発想を転換して、あくまでオリンピックを目指そうと考えていた。

一度、中学三年生の終わりのジュニア・オリンピックで、中学記録が出そうになったことがあった。周りが「この分だと、中学記録が出るだろう」と騒ぎ出したのだが、注目を浴びるとかえって面倒なことになると考え、その日の午後の練習を厳しくして、調子をわざと落としたこともあったくらいだ。

そのときから、康介が「記録更新」をすることがあったら、それは「日本新」を康介にとっての新記録にさせてやりたい、ということを青木先生に言ったことを覚えている。

指導者は、必ず選手の一歩前を進む

康介には学童新や中学新、高校新記録といった程度の記録では満足して欲しくなかったのである。はじめから日本新記録を意識させることで、日本のトップ、つまり自分は世界と戦う選手なんだということを、分かって欲しかったのだ。

はじめからアテネ用の高速道路に乗ったつもりだったが、一度、インターチェンジで別の高速道路に乗り換えたことがある。シドニー・オリンピックだった。

康介は急激にではないが、成長を続けており、二〇〇〇年のシドニー・オリンピックで泳げるチャンスが芽生えていた。

一九九九年、翌年に向けて練習を開始するとき、康介とミーティングをしたのだが、私から康介に話したことは、

「日本人選手のことは考えるな」

ということだった。つまり選考会では他の日本人選手に勝とうという気で挑むな、ということである。

選手にとって、オリンピックの選考会というものは、
「誰と誰に勝てば、オリンピックに行ける」
という発想をしがちである。選考レースで二位以内に入り、派遣標準記録を突破すればオリンピックへの切符が手に入るからである。

しかしこの発想のままでは、オリンピック選手に選ばれたことが満足につながってしまい、オリンピックで戦えるメンタリティは育たない。それまで康介はナショナルチームに入ったことはなかったが、私は日本人選手のことは気にするなと言った。

しかしうまく説明しないと、康介も納得しない。そこで私の好きなボクシングをたとえに使って説明した。当時、日本の第一人者はバルセロナ、アトランタの二大会で代表になった林亭《はやしあきら》だった。

「いいか康介、亭はチャンピオンなんだ。チャンピオンと同じ力で泳いだとしても、ドローになって、チャンピオンの防衛になる。だから亭の力を超えないと、経験の面でも絶対に勝てない。だから亭に追いつこうと思っちゃダメだ。亭を抜く気持ちがないと、オリンピックには行けない」

と話した。そして二〇〇〇年の目標タイムを康介に示した。すると、康介は
「え？　先生、これ一〇〇も二〇〇も日本記録じゃないですか」

とビックリしていた。

その反応は予想していた。

「そうだ。それが目標だ。このタイムをマークしないと、オリンピックに行けないし、行っても世界と戦えない」

康介は信じてくれた。ふつうの人間だったら、

「こんな目標、自分に達成できるのだろうか」

と疑問に思うのが普通かもしれないが、康介は純粋に世界で戦おうという私の言葉を信じてくれた。それまでオリンピック選手を育てた経験のない私を信じてくれたのだ。

私の目標の設定の仕方は、いささか乱暴だったかもしれない。

しかし目標、ゴールの設定の仕方によって、人間の達成度が左右されるというのも事実だと思う。一〇〇m平泳ぎでは一分の壁を破るのは長らく不可能だと思われてきた。しかしそう思う人間が、自分たちの能力にふたをしているのである。

私も経験のない頃は、選手の目標タイムを設定するときに、

「ちょっとこれは無理かな……」

と考えることがあった。人間とは単純で、そう思った瞬間にその目標タイムを切ることはできなくなってしまう。

そして水泳の場合、選手が若い。若いからオリンピックで泳ぐということがなかなか想像できない。そこに目標を設定してやり、練習計画を練るというのがコーチである大人の仕事だと思っている。

そしてできることなら、目標は高いほうがいい。もちろん無謀な目標設定は意味がないが、追い込んでいったら、このあたりまではいけるという「限界点」を探ることは重要だと思う。そしてはじめから目標を高く持てば、選手の意識を変えることができる。

康介には小さくまとまって欲しくなかった。だからあえて日本を忘れろ、と教えた。はじめから舞台を世界に設定し、康介がそれに応えてくれたのが、何よりもうれしい。

しかしシドニーを狙うとは言ったものの、オリンピックでメダルを獲るためには、どんなことが必要かという、具体的なイメージは湧いてこなかった。それは私の経験不足であり、シドニーでメダルを獲れなかったのは、ある意味、私のイメージの力が不足していたからだと思う。

ただ、その時点から選考会では当然勝つ、と信じていたし、私が本当に思い込んでいなかったら、康介にも伝わらなかったはずだ。だから練習中に、

「選考会では、そんなことしてたらダメだぞ」

というような言葉は絶対に使わなかった。康介が中学生のときから、オリンピックを目

指そうと言ってきたのに、いきなり目先の目標のことを言い出したら、一貫性がなくなってしまう。

当然、選手はオリンピックに行きたいわけだから、選考会に集中する。

しかし指導者の立場として、必ず選手の一歩前を進んで考えてあげることが大切だと思う。一緒になって進んでいると、選手の調子のよし悪《あ》しによって、コーチが一緒に浮き沈みしてしまう。それではしょうがない。

一歩先、あるいはひとつ上の階段から俯瞰《ふかん》的に選手を見ることで、客観的に練習を進めることができるはずだ。

それは私が康介と学んだ貴重な視点である。

「練習量を増やす」という誘惑に負けない

オリンピックという目標を立てたら、次は計画を練り、そして練習を遂行する。これは水泳だけでなく、どの競技も一緒だと思うし、物事の本質からいったら、仕事の進め方も一緒だろう。

しかし康介の場合は、緩やかに練習量を増やしてきたわけだから、シドニー・オリンピックを目指すからといって、急に練習量を増やしては、身体に負担がかかってしまう。康介の身体と相談しながら計画を練る必要があった。

この場合、指導者が配慮しなければならないのは、選手が厳しくなった練習環境にすんなり入っていけるようにケアすることだろう。練習計画を練ってみると、合宿、合宿の連続で、康介は、

「合宿ばっかりじゃないですか。できるんですかね？」

と半信半疑のようだった。目標を信じてはくれたが、計画の段階でも康介が納得してくれなければ、練習にも積極的に取り組んでくれない。そこで、青木先生とも相談して、水

泳連盟の合宿の単位はだいたい二週間だから、東スイで行う合宿も二週間にしたほうがいい。そのほうが選手もリズムをつかみやすいはずだ。そして二週間が終わったら、次の一週間は楽させるつもりで、練習メニューを組んだほうがいい。そうアドバイスをもらった。

そして何より、コーチである自分が練習量を増やすという誘惑に負けない必要があった。我慢だ、我慢、自分にそう言い聞かせていた。コーチとしては、楽をさせるのがむずかしいのである。自分が不安になるからだ。しかし私は過去に「頑張れ、頑張れ」と言い続けたことで失敗をしていた。自分の忍耐力が試されている気がした。

水泳連盟主催の合宿では、オリンピックを目指す選手が寝食をともにしながら練習に励む。つまり、同じ種目のライバルも同じプールで練習するのだ。これは神経戦の様相を呈してくる。自分の選手だけでなく、他の選手がこの時期にどんな練習をしているのかが、分かるのである。

この環境は、経験がないと焦りを生みやすい。選手のほうも、ライバルがいいタイムを出したりすると、落ち着かなくなる。そのとき、周りを気にするのは絶対にやめようと思った。周りを気にしだすと、自分のやろうと思っていることが崩れてしまうからだ。自分のやろうとしている軸がぶれると、選手からの信頼を失ってしまう。他の選手や他のコーチの練習という「外的要因」は動揺を生みやすいのだが、じっと自分のやっていることを信じることが大切だった。

当時、康介は練習回数が増えたことだけでもたいへんだったのに、周りに影響されて泳ぐ距離を増やしたら、完全に壊れてしまう。合宿でも日本のトップスイマーと比べたら、康介の泳ぐ距離は少なかった。そうすると、他のコーチから、

「平井先生のところ、泳いでないですね」

と言われたりする。正直、そう言われると気持ちは穏やかではない。それでも、知らん顔をして、

「ああ、そうですかね。いま、あんまり慌てて泳がせても仕方がないから」

とかわしていた。普段は仲がいいコーチたちなのだが、こうした揺さぶりのようなものは存在する。

しかしそのときにはもう、焦りはなかった。腹をくっていたのだ。焦って、自分の計画を自分で疑うようになってはいけないと思い、自分の信念を持って、信じてやれば必ず結果は出るという気持ちを持っていた。

正直、いまから考えたら図々しい考えだ。しかしぶれてはいけない、という思いが信念を支えてくれた。

指導者が信念を持ったら、それにこだわりを持つのは大切なことだ。そうしないと、選

手に気持ちの揺れが伝わってしまう。選手はコーチの気持ちの動きに敏感だからだ。練習で泳ぎが終わった後、選手はタイムと、そしてコーチの顔を見る。その表情から自分の泳ぎを判断しようとするのだ。

自分がしっかりしていれば、選手も安心して練習に取り組めるものだ。

康介が水泳をつらいと思ったとき

精神的な強さを持っていた康介は、怪我を除いては、あまりスイマーとしての壁を感じてこなかった選手だと思う。しかしこれまで一度だけ、康介は水泳をつらいと思ったことがあったようだ。

それがシドニーの選考会を前にした冬の時期だった。学校の先生や友だちに、

「いま、すごくしんどいところ」

と言っていたようだ。ただ、水泳をやめたいとは言ってはいなかったようである。

もっともこれは後から聞いた話で、そんなこともあったんだな、と思った。実は私もしんどかった。俺もしんどかったから、康介もしんどかったんだろう、そう思った。

聞かなかったことでよかったなと思うことがある。

もし、康介が苦しいということを聞いていたら、指導者である自分も弱くなっていたかもしれないからだ。弱音を聞くと、どうしても妥協する余地が心にできてしまう。だからこそ、耳にしなくてよかったと思ったのだが、一九九六年以前の自分だったら、選手と一

緒になって練習に励んでいただろうから、選手のほうも、

「先生つらいんです」

と泣きに来ていたかもしれない。しかし康介とはプライベートで距離を置こうとしたため、康介も弱音をコーチには話さなかったのだと思う。

一九九九年はシドニーを目指したことで、本当に練習環境が激変した。それまで康介にはあまりハードな練習は課してこなかったが、合宿が増えることで学校の休みもプールで過ごすようになり、友だちと遊ぶ時間もなくなる。しかし、康介は水泳選手である前に、高校生でもあった。

もちろん、康介自身も「オリンピックに行きたい」とは思っている。私からすると、絶対にオリンピックには行けると信じているが、康介からしたら、

「こんなにきつい練習をして、本当にオリンピックに行けるのだろうか？」

という不安が芽生えてもおかしくはなかった。いや、むしろそれが普通だろう。

しかしそうした不安も、年をまたいでオーストラリアで合宿をし、現地の試合で好成績をマークしたことで、だんだんと薄らいでいき、日本に帰ってきてから短水路の大会で日本記録をマークしたことで、吹き飛んだ。康介がはじめて更新した記録、それはやはり日本記録だった。

たぶん、それから康介は水泳を苦しいとか、つらいとか、やめようと思ったことはないのではないか。康介もシドニーの前の不安な精神状態を経験することで、スイマーとしてだけでなく、人間としても成長したのではないかと思っている。

ただし、順調に計画以上の成果が表れたことで、余分なプレッシャーを感じる場合がある。

最初、シドニーを目指して練習を始めたときは、私も康介も無欲だった。ところが日本記録を出すと、周囲からの期待も高まってくるし、私も当然康介をオリンピックに行かせないと、と思うようになる。不思議なもので、日本記録を出す前は当然オリンピックには行けると思っていたはずなのに、好結果が生まれることで、プレッシャーに変換してしまうのだ。

無意識が「有意識」に変わる。そうすると余計なことを考えるようになってしまう。これは落とし穴にはまりやすいパターンだ。

しかしこのプレッシャーを経験したことが、アテネに向けては役立つと信じている。

アクシデントが起きたときこそ、笑える余裕を

新たに経験する不安は生まれつつあったのだが、春が近づいてくると、康介は絶好調で、はじめてのオリンピックは絶対にメダル間違いない、そう私は確信していた。ところが、こういうときが危ない。予想もしない事態が起きた。

康介が選考会を二カ月後に控えた二月、学校で腕相撲をやって肉離れを起こしてしまったのだ。

最初、肉離れと聞いて大したことはないだろうと思っていたのだが、一週間経ってもよくならない。泳いでも痛みが引かない。これはまずい、と思い慎重に練習を運んでいったのだが、紛れもない、選考会を前にしたアクシデントだった。

事前に康介には、

「こういう調子がいい時期には、怪我がつきものだから、学校で気をつけろ。バカなことすんなよ」

と言って聞かせていたはずだった。肉離れと聞いたときに、

「お前、あれだけ言ったじゃないか」

と思わず語気を荒らげてしまったが、それで事態は好転するわけでもない。

アクシデントが起きた場合、人間はどう対処すべきなのだろうか。

私のこのときの経験からすると、発想を変えることが大切である。起きてしまったことはウジウジ考えても仕方がない。そのときは、もう私も腹が据わっていたから、腕が使えんなら、脚だ、よし康介、脚を鍛えろ、キックを鍛えようとポジティブに発想を転換することができた。たぶん、軸がぶれていなかったからこそ、できた発想の転換だった。

そこで腕に負担がかからないような練習を考える。腕の負担が少ないクロールを泳いだりした。三月には富山で有力選手を集めた合宿があり、そこでも康介はキックしか練習をしないものだから、他のコーチからは不思議がられた。ただ、他の選手やコーチたちには知られたくなかったので、

「康介、デカい声で『いてえ』とか言うなよ。俺もなるべく隠すようにするから」

と打ち合わせていた。試しに平泳ぎをやらせてみると、

「痛いっす」

と言ってくる。練習で追い込まなければいけないない時期だったのだが、やれることをやるしかない、と考えていた。

しかし時間が経っても、康介の怪我は一向によくならなかった。海外での合宿も迫っていたのだが、状態は回復しない。それでも気をつけていたことがあった。私の表情だ。怪我のことを気にしないということである。発想の転換をしていたせいか、私はあまり深刻そうな顔をしていなかったように思う。事態を嘆くより、先のことを考えたほうがいいと思っていたので、肉離れはいつか治るだろうと考えていたし、そんなに気にはならなかったのだ。これも目標がしっかりと設定されていたからだろう。

それでも選手にはできるだけのケアをしてやらなければならない。富山から東京に飛行機で戻って治療を受けたりして、多少は回復したようだ。

康介はそれ以後、あまり痛いとは言わなくなった。きっと、まだ痛かったのだと思う。それでも勝負時が迫ってきて、痛いとか言ってる場合ではないと、自分でも悟ったのではないだろうか。

いま振り返ると、このとき、うまく肉離れの状況に対処できたのは、アクシデントが起きても、自分の立脚点がしっかりしていたから、慌てる必要がなかったのだ。むしろ、このアクシデントをプラスに変えてやろうという気持ちが芽生えていた。

そしてキック中心の練習が思わぬ効果を生んでいたのである。腕が快方に向かい、いよいよ平泳ぎの練習となったとき、キックの練習をたくさんやっていたおかげで、泳ぎが自然と大きくなっていたのだ。

そのとき、私と康介は腕のかきの回数、ストローク数を減らそうとしていたのだが、怪我のため、その練習が中断していた。しかしキックを集中的に練習したことが、プラスに作用した（決してそこまで意図してキックの練習をさせていたわけではないが）。

結果としていい方向に転んでくれたのだが、今から見ると、いい部分でも見つけないと、私もしんどかったのかもしれない。康介にも、

「腕相撲のおかげで、泳ぎが大きくなったな」

と笑いながら話したものだが、アクシデントが起きても、笑える余裕が欲しいといまも思う。

コーチの不安は選手に伝染する。アクシデントを前にしても、気持ちをうまく切り替えることが指導者にとっては大切だと思う。

最初に怒鳴りつけてもいいとは思う。コーチも人間、感情はためないほうがいい。その後、冷静になれる余裕があるならば。

シドニーへの切符を獲得

肉離れというアクシデントはあったものの、なんとかそれを克服した康介はオリンピック選考会に向けて復調し、選考会では準備万端で泳ぐことができた。

一〇〇m平泳ぎの予選、準決勝と康介は余裕を持って泳いでいた。泳ぎ終わって、康介はニヤニヤしながら帰ってきたくらいだった。

「お前、あんまり頑張らなかっただろう」

と応じると、ニヤッとしていたから本人はかなり手ごたえがあったのだろう。決勝を前にして、オリンピック出場は間違いないと思うことができた。

しかし、もしも「選考会で勝とう」という目標しか立てていなかったら、どうだっただろうか？　たぶん、康介が余裕の笑みを浮かべることもなかったはずだ。

はじめからオリンピックを目指そうと、ふたりの間で気持ちがひとつになっていたから、選考会に対しては、通過点と呼べるほど楽なものではなかったにせよ、気持ちを張り詰めて臨むという感じでもなかった。

こうしたゆったりとした気持ちで試合に出場すること、特に国際大会で平常心を保ちながら泳ぐというのはとても大切なことだ。不思議なことに一〇〇mの決勝の前、私は妙に落ち着いていたのか、それとも緊張していたのか、アンパンを食べながらレースを見ていた。

若いコーチに「平井さん、こんなときになに食べてんですか？」と言われたが、

「いいんだ、お前ら見とけ。康介が勝つんだから」

と断言していた。

実際、選考会の決勝で康介は自分の泳ぎをしっかりと見せてくれた。結果的には僅差《きんさ》の勝利だったが、自分で水泳の仕事を選び、そしてオリンピック選手を作りたいという念願がかなった瞬間、やっぱり涙が出てきた。

その四年前、セントラルスイムクラブ池袋のコーチで、友人でもある川原君は鹿島選手がオリンピック代表に決まった瞬間、すごく喜んでいた。そして川原君が私のところにやってきて、ふたりで泣きながら抱き合った。このときは今度は自分が追いついた格好になり、彼が、

「平井さん、やりましたね」

と祝福してくれた。

ただ、続いて行われた二〇〇m決勝では、康介は疲れきり、ゲッソリした感じになっていた。

余裕を持っていたはずだったが、選考会というプレッシャーが康介を消耗させていたのだと思う。「これはむずかしい」と思ったが、案の定、四番になってしまった。

まだまだ大きな大会で二種目を泳ぎきる体力、精神力が備わっていなかったのである。

この経験は後で、大きな課題となった。

両親との酒

オリンピックに出場することになると、周囲の目も変わってくる。

生命保険会社の内定を蹴って、水泳の世界に本格的に飛び込み、シドニー・オリンピックの時点まで国際的に戦える選手を育ててこなかったことで、両親との間には小さな感情のわだかまりがあった。胸を張って大学四年生のときの選択が正しかったんだと、結果で証明できなかったからだ。

コーチを始めてからも、両親からは、

「五〇歳過ぎても、水泳のコーチというのはずうっと水の中に入っているものなのか？」

と質問されると、ああ、やっぱり自分の仕事は認められていないんだな、と感じることがあったのだ。自分としては五〇歳を過ぎても、選手と一緒にプールでオリンピックを目指したいと思っているだけに、この言葉は余計にこたえた。

それでもシドニー・オリンピックに康介が出場することになり、両親と酒を飲んだときに、

「よかった」

と両親が言ってくれた。

「いろいろ反対したけど、お前がやろうとしていたことが実現できてよかった。水泳のコーチになって、よかったな」

自分の仕事を両親が認めてくれたのは、それが初めてだった。

「ようやく認めてくれた。ありがとう」

と言ったら、今度は、

「なに言ってるんだ。もうだいぶ前から認めてるぞ」

と言い返され、

「いや、全然認めてなかったじゃないか」

と反撃することになり、またも喧嘩になってしまったのだが……。

両親は最初、水泳の世界に身を投じた息子のことをどんな思いで見ていたのだろう。

社会的地位の安定した大手企業を袖にして、自分の好きな世界で仕事をしようとする息子が理解できなかったのだと思う。小学生のときから塾に通わせ、ある意味、息子に投資してきたわけだから、大手企業に就職するのがストレートな形での恩返しだったのかもしれない。

しかも好きな世界に入ったのはいいが、三〇歳を過ぎても、指導者として芽が出ない。いつまでもこんなことをやらせておいていいものか、と両親なりにかなり悩んでいたと思う。自分の息子が、この道に進んでも大丈夫なのか、平気なのかという葛藤があったのかもしれない。

オリンピック選手を出すようになって、やっと不安も解消されたのではないかと思う。そういう意味でも「オリンピック」というのは、大きな力を持つ舞台だと感じた。私も好きな道に進ませてもらったわけだから、頑張らないと親に対しても申し訳ないと思っていた。

別に親子喧嘩をしていたわけではなかったが、結果が出てよかったなと言われて、息子の自分としても本当にホッとしたというのが正直な気持ちだった。

第6章

日本人が世界で勝つために必要なこと

想像力を磨くために必要なもの、それが情報

オリンピックで戦うということ、これはまた別の次元での戦いだった。シドニー・オリンピックで康介は一〇〇mで四位、二〇〇mでは予選落ちという結果になった。

今アテネを前にして考えると、シドニーで康介が一〇〇m平泳ぎの決勝のプールで泳ぐために万全の準備をしたかというと、残念ながら「ノー」である。私にとって経験がないものだったし、あらゆる意味でオリンピックという大舞台で戦う準備というものが整えられず、悔いが残る大会となってしまった。

シドニーのレースが終わって感じたのは、勝つためには相手をよく知らなければいけないということだ。康介がメダルを争った選手は、当時世界記録保持者のスロドノフ（ロシア）、モーゼス（アメリカ）、そして金メダルを獲得したフィオラバンティ（イタリア）だった。オリンピックを目指していたとはいえ、私にはライバルたちの情報があまりにも不足していた。

たしかにインターネット時代ということもあり、文字の上では選手の名前もベストタイ

ムも頭に入っている。

しかしどんな面構《つら》えをしていて、試合前にどんなアップをするか、そしてどのようなレース運びをするのかは、一緒に大会に出てみないと分からない。康介にとってはじめての大きな国際大会、それがオリンピックになったわけだが、そういう意味で相手に対する戦略を立てるまでには、いたっていなかったのである。

アップを行うプールでは、フィオラバンティの泳ぎを見て、キックが素晴らしく、いい泳ぎをする選手だとはじめて意識したほどで、彼がどんなレース展開を見せるか想像もつかない。康介は知らない人間の中に入って泳がなければならず、「アウェイ」でレースをするようなものだった。

それでも康介は準決勝で四番目のタイムを出し、メダルを獲るチャンスが広がった。調子も上がってきていたのだ。

その夜、友だちにも、

「明日はメダルを獲ります」

とメールを出したくらい、私も興奮していた。「メダル、獲れるかな」と意識し始めたのだが、そのときの私はまだまだ甘く、浅はかだった。狙う、獲るとは口では言っているが、本気で獲りにいっているのではなく、願望を口にしているにしかすぎなかったと思う。

狙ってはいた。しかし周到に準備したうえでのものではなかった。

準決勝の康介のタイムは日本新記録で、しかも後半の五〇mを三二秒三四で泳ぎ、これは後半の五〇mで三二秒五を切ったはじめてのレースだった。よし、後半にこのスピードがあればメダルが獲れるぞ、と判断したのだ。康介の準決勝の泳ぎを見る限り、まだ余力がありそうだったし、本人も、

「まだいけると思う」

と話したからだ。準決勝までは他の選手との駆け引きの要素が強く、まだ手の内は見せない、という泳ぎでもあった。

決勝を前にした晩は興奮して眠れなかった。疲れているはずなのに、眠れない。フィオラバンティのコーチは、決勝の前にジャグジーに入ったり、サウナに入ったり、本当にリラックスしていた。もうやるべきことはすべてやった、という感じだったのだろう。

ところが私のほうは眠れないし、頭が朦朧《もうろう》としていた。いま見れば、これは格の違いを見せつけられた、ということになる。私自身、国際大会をどう乗り切っていくかという知識が不足していた。ジャグジーに入ろうなんて気持ちの余裕はどこにもなかった。

私は決勝の前までジタバタしていた。レース前、選手が招集されるところまで一緒につ

いていき、

「ここまで来たんだから、思い切りやれ。お前が満足するように思い切りやれ」

と声をかけたと思う。思う、と書いたのは、自分が興奮していて、正確に覚えていないからだ。レースの展開予想は、みんな速いペースで入るだろうから、最初の五〇mは落ち着いて泳いで、最後の五〇mが勝負になるぞ、とふたりで話していた。後方に待機して、ターンしてからが勝負、そう読んでいた。

ところが、自分が予想していたペースとはまったく違った形でレースは展開した。他の選手のレースタイプ、逃げるのか、トップを睨《にら》みながら追うのか、それとも後方待機で後半に勝負をかけるタイプなのか、ライバルたちのレースぶりの研究が不足していたのだ。これが第一の敗因だった。

レースは予想したよりも、遅いペースで五〇mを折り返した。ターンすると康介が絶好のポジションにいた。ほとんど横一線の状態になり、そこで康介は早めのスパートをかけた。展開は遅い。予想と違ってみんな力を温存していたのだ。オリンピックは記録を狙うレースではなく、メダルを狙うレースだ。読みが甘かった。康介はレース展開を見て、これはいけると焦ったのだと思う。

「ああ、やめろ。まだ早い。そんなところからスパートしちゃ、持つわけない」

と思ったが、後の祭りだった。早めにしかけた康介は途中で二番手に上がり、メダル圏内に入ってきた。そのときはさすがに自分も興奮していた。八五mくらいまではメダルを争っていた。しかし勝負はラスト一五mにかかっていた。フィオラバンティ、モーゼス、スロドノフの三人はじっと力をためて、スパートする時機を待っていたのだ。康介は格好の目標となり、四番でタッチした。

「ああ、四番か……」

誰しも、上のほうばかり見る。あとひとつ、ポジションが上がっていれば、メダルだった。その悔しさがこみ上げてきた。しかし冷静になってみると、よく四番に入ったという見方もできた。

しかしもう少し、いいレースができたはずだという思いは残る。相手の研究が不足していたために、レース運びについて的確な指示ができなかった。メダルを獲った三人の性格を詳しく知るくらいまで徹底的に調べていたら、康介にターンしてからもう少しこらえろ、と指示を出すことができたかもしれない。

専門的になるかもしれないが、スローペースになって最後の最後に勝負、というレース展開は金メダルを獲ったフィオラバンティの得意なパターンだった。康介はその罠にはまってしまい、やりたいことをやらせてもらえなかった。

シドニーまでわざわざ出かけていって、他人のふんどしで相撲をとったようなものだ。康介の力を一〇〇％発揮させてやれなかった悔いは、あとを引くことになった。

オリンピックという舞台ではじめて戦って、もっともっと世界を知らなければいけない、と痛感した。金メダルを獲るためには、ライバルとなる選手を徹底的に研究し、あらゆるレースパターンを想定しなければならない。すべてのシミュレーションをした上で、Aがこうきたらこう、Bが飛ばしたらこう対応するといった想像力を磨く必要を感じた。

そして想像力を磨くために必要なもの、それが情報である。情報を適切に分析することで、正しい想像力を備えることができると思うのだ。

私にとっては最初のオリンピック。悔やまれるのが、

「とにかく思い切り、自分の力を出せるように頑張れ」

としか言えなかった自分が情けなかった。それしか言えなかったのか、それともそれしか言わなかったのか。たぶん、前者だった。

周到な準備がなく臨んだレースでは、精神的なことしか強調できなかった。やっぱりオリンピックで戦ってみないと分からないことがあるのだ。

大きな仕事を成し遂げる前の「壁」

康介が四番になったことで、私は何か大きな壁の存在を感じた。壁はそれぞれの人間に、様々な形をとって現れる。オリンピックの選考会で、大きな壁を感じる選手もいるだろう。あるいはオリンピックに何回か出場しても、メダルに届かない、あるいはメダルは獲得できても、金までが遠い……。様々な壁がある。

このレベルにまで達すると、それぞれの段階をクリアしていかないと康介が金メダルに到達できないな、と感じた。

シドニーでの自分の姿を振り返ってみても、無様《ぶざま》なのだ。それまでの強化の過程では、康介を焦らず育てると決めて、気持ちが揺るがないはずだったのに、オリンピックになり、準決勝で四番に入るとジタバタしてしまい、十分な仕事ができなかった。

その点、田島寧子選手を担当していた藤森君のコーチぶりは、本当に参考になった。それ以前、一九九八年の世界選手権で「やっちゃん」は銀メダルを獲得し、メダルの壁を越えていた。藤森君が狙っていたのは「金」だけだった。レースが近づいても、

「じゃあ平井さん、これからレースに行ってきます。最後のお仕事、してきます」

と言って、ぜんぜん力んだところがなかった。

その点、自分は藤森君のように康介には接することができなかったと思う。決勝の前、藤森君に、

「平井さん、ちょっと外にコーヒーでも飲みに行きましょう」

と言われた。そしてその席で、

「平井さん、選手に緊張した顔見せちゃダメですよ。だから少し離れていたほうがいい」

とアドバイスしてくれた。藤森君はちょっと違うな、と驚いた。最後の最後、勝負にいく段階では肝っ玉が据わっていたのである。藤森君の言葉を聞いて、ああ、ジタバタしちゃいけないんだな、とつくづく感じた。自分はまだまだ甘かった。

やはり藤森君の場合は、世界選手権でメダルを獲得していた経験が大きかったのだと思う。経験を積むことで、オリンピックという最高の舞台でメダルを真剣に狙うことができる。壁をクリアしていくことで、最後に慌てず勝負ができるんだな、と痛感した。この経験は、この後、横浜でのパンパシフィック選手権、バルセロナでの世界水泳に対して、いい心構えになった。

失敗したときにかける最初のひと言

しかし私はシドニーで、もう一度、失敗を犯している。一〇〇mの試合が終わった後、康介もそして自分も、虚脱感に襲われたのだ。レースから戻ってきた康介の目は、宙をさまよっていた。

最初、ふたりで会っても、お互い言葉が出ない（コーチとして失格である）。

「惜しかったなあ。けど、よくやったぞ」

という言葉が出てきたと思うが、康介も茫然自失の状態である。

しかし康介にはまだ二〇〇mが残っていたのだ。私自身、頭を切り替えることができず、残念な思いばかりが先にたち、先のレースのことを考えることができなかった。いまだったら、余計なことは何も言わず、

「康介、あの面子《メンツ》だったら、二〇〇で絡んでくるのはフィオラバンティくらいだ。いけるぞ、二〇〇」

くらいのことを言う余裕があると思う。

しかしシドニーのときの自分は未熟だった。

指導者にとって大切なのは、ひとつのレースが終わった後、まだその先にレースがあるとするなら、選手の気持ちを切り替えてやるということだろう。

これは勝っても負けても関係ない。もう一度、次のことに集中させるということが大事なのだ。特に失敗したときほど、次の結果が問われる。どう気持ちを整理し、どんな言葉をかけてやるのか。それがコーチの技量だ。

ところがシドニーでは、自分は康介に気持ちの切り替えを促すことができなかった。正直、私の最初のひと言が大きかったと思うのだが、切り替えさせるような言葉が出てこなかった。一〇〇ｍに集中していたということもあるが、あまりに自分は未熟だった。

決勝が終わった晩から私は四年後のアテネのことを考えていた。メダルを獲るのに、あと四年も待たなければいけないのかと思うと、気が遠くなりそうだった。

そういう意味では、オリンピックはまったく別の大会だった。私が四年後のことを考え始めたのだから、康介が二〇〇ｍで予選落ちするのも無理はなかった。

一時たりとも無駄にしない覚悟

一九九六年から八年かけて、康介をオリンピックで戦える選手に育てるという長期計画は、シドニー・オリンピックへの参加で目標を修整するとともに、経験という大きな財産を手にすることになった。

やはりオリンピック選手を育てたことがなかった時期に立てた計画と、オリンピックを一度経験してからでは、計画が大きく異なってくる。経験というものは、本当に得がたい財産なのだ。

シドニーで四番となり、メダルを獲得した選手としなかった選手の差は、日本に帰ってきてからありありと感じさせられた。成田空港に到着すると、メダルを獲得した選手は別のバスに乗るのだが、獲得していない選手たちは、その場で現地解散になったのだ。

「さようなら」

と言われたのが、無性に悔しかった。

「康介、三番と四番じゃエライ違いだ。とにかくこれから国際大会ではメダルを獲ろう」

と誓い合った。そしてアテネでの目標もシドニーを経て、具体化した。金メダルの獲得である。

私はアテネでの平泳ぎの優勝タイムを、次のようにはじき出した。

二〇〇〇年までの前半の最速ラップ＋二〇〇〇年までの後半の最速ラップ

まったく単純な計算である。この計算式でいくと、一〇〇mは五九秒二、二〇〇mは二分八秒台の決着になると予測したのである。アテネが近づいてきたいま、この試算はまったく的外れというものではなく、現実に近づきつつある。

このタイムを目標に一年、一年、目標を設定し、金メダルを現実のものにしようと考えたのである。そこで二〇〇一年から二〇〇四年までのそれぞれのゴールを次のように考えた。

・二〇〇一年　福岡で開催の世界水泳でメダルを獲得
・二〇〇二年　世界記録更新
・二〇〇三年　バルセロナで開かれる世界水泳で自己の持つ世界記録を更新し、二冠獲得

・二〇〇四年　アテネ・オリンピックで世界記録更新、二種目で金メダル

大仰な計画に見えるかもしれないが、それぞれの段階で目標をクリアしていかないと、金メダルの獲得はむずかしくなるはずだった。

二〇〇一年は、とにかく地元日本で開催される世界水泳でメダルを是が非でも獲得しておく必要があった。シドニーでの「四位」という結果が尾を引いていたのである。ここで何色のメダルでもいいからメダルを獲得して、世界で戦えるという自信をつける必要があった。

水泳界はこの年からカレンダーが変わり、オリンピックの翌年に世界選手権が開かれるようになった。これまではオリンピックの中間年に開催されていたのだが、二年に一度の開催になっていた。シドニーの悔いを晴らしたいという思いがあったので、翌年に世界選手権が開催されるというのは、私の陣営にとってはありがたかった。

そして二〇〇二年は大きな国際大会というのが、八月に横浜で行われるパンパシフィック選手権と、九月に韓国の釜山で行われるアジア大会、このふたつだった。

ここで世界記録を破りたいと思っていた。大胆な発想に聞こえるかもしれないが、この時点で世界記録を破っておかないと、アテネの予想優勝タイムにまで届かないと判断した

のだ。水泳は身体の成長期はともかく、世界のトップレベルになってくると、コンマ何秒を縮めるのに、たいへんな努力が必要になる。

だからこそ、一年、一年、ステップアップしていくことが重要なのだ。

アトランタ・オリンピックの頃までは、オリンピックの翌年には一流選手は休みを取るということも珍しくなかったが、私にはそんな余裕はなかった。

一年たりとも無駄にするものか。そう思っていた。

計画は最短距離を取らない

康介の第二次強化計画は、まず、シドニーの経験をもとにして、アテネのゴールを設定したところから始まった。そしてゴールを目指すために、時間を区切り、一年、一年、何が必要かを吟味していく。さらに一年をブレイクダウンして、一カ月ごと、一週間ごと、そして一日ごとに何が必要かを考える。

ここでも「焦り」というキーワードが出てくる。ゴールの目標を設定すると、一刻も早くゴールの近くまで接近したいのである。そうすると計画一年目に無理をさせてしまうことにもなりかねない。

正直、オリンピックの翌年に勢いよく世界記録をマークしてみたいという気持ちもあるにはあった。

しかし現実を考えると、無理をさせず、オリンピックでの金メダルというしっかりとした目標があったから、じっとこらえることができた。

しかも二〇〇一年に向けては、強化しようにも強化しようがなかった。九月にシドニーから帰ってきて、一〇月の半ばに康介は学校でボールの上に足を乗せていてバランスを崩し、右の足首にひびが入ってしまった。一二月まで否応なしに休憩である。まったく康介ってヤツは……翌年、気を取り直しての再出発となった。

世界と戦っている自分を楽しむ

日本人がメダルを獲ろうとするなら、狙って、徹底的に、しかも周到に準備をする必要がある。

まず、選手がどんな条件にでも力を発揮できるようにしなければならない。日本の選手は、国際大会で泳ぐことはまれで、泳いだとしてもアメリカ、オーストラリアといった太平洋をはさんだ英語圏での合宿やレースが多い。しかしヨーロッパでももちろん大会があり、選手は試合までなれない環境の中で調整を進めていかなければならない。これはシドニーでの反省から生まれた考えだ。

試合にしても、日本とは時間帯が違う。オリンピック、世界選手権になってくると、試合は夜から始まる。しかし日本では夜に試合をすることなど、皆無に等しい。

二〇〇四年のアテネ選考会では夜六時スタートになったが、これは選手にとっていい経験になったと思う。夜のスタートになると一日の時間の使い方からして違う。午前中の予選で泳いだ後は、午後はたっぷりと昼寝をして体力を回復して、試合まであまり気持ちを高ぶらせないことが大切になる。早くからレースを意識してしまうと、力を無駄使いしてしまうからだ。だからこそ、午後をどうやってリラックスして過ごすかといった知識も仕入れなければならない。これはどんどん海外の試合に出場しないと養えない感覚である。

シドニー・オリンピックに出場したときは、自分の行動範囲が相当狭かったような気がする。コンパスで円を書いてみたら、本当に小さな小さな円しか書けなかった。プールにいても、自分の場所ではないような気がしたくらいだ。急に連れていかれて、周りは知らない人間の中で戦わなければならない。このときの反省から、他の国のコーチたちとも、積極的に話すようになった。

康介の活躍のおかげで、「キタジマのコーチ」ということで紹介され、握手を求められたり、いろいろ質問を受けるようになった。私はそんなに英語は話せないが、できるだけいろいろな話をかわそうとした甲斐あって、いまでは国際大会に行っても、自分がポツンと置かれている気がしない。

これは康介にとっても同じだ。シドニーの反省から、海外の大会にはできるだけ出場する方向で強化を進めてきた。その中にはグッドウィルゲームや、短水路世界選手権といった様々な大会がある。康介も実績が出てきたから、他の選手が話しかけてくる。そうなると康介のほうでも大会をリラックスした状態で泳げるようになる。

「先生、楽しいっすね、国際大会」

と言われたときは、成長を感じるとともに、ホッとした。

私が康介を高校時代からオリンピック選手に育てようと引きずり回したから、彼には申し訳ないという気持ちがあった。しかしその言葉で救われた。罪悪感が少し、減った気がする。

国際大会に参加できる日本人選手というのは、水泳に限らず、他の競技でも数えるほどしかいない。

康介が楽しんでくれたこと、それは私にとって何よりの救いだった。

信は力なり

福岡の世界水泳は、康介にとって、そして私にとっても大きな自信となった大会だった。世界水泳は地元開催とあって気合いを入れていくしかない。

世界水泳を前に感じていたのは、「情報戦」の重要性である。オリンピックではフィオラバンティが勝ったわけだが、彼の戦法というのは後半に勝負をかけるというものだった。そのレース展開が各国の選手に伝染していくのである。アメリカのモーゼスは、二〇〇一年の春の大会で、後半を重視した泳ぎを見せていた。それだけオリンピックの金メダリストの戦法というのは、ひとつの「ものさし」になるのである（いまは康介がその立場にいるわけだ）。

この頃になると、ライバル選手の泳ぎやタイムをインターネットで確認することを怠らなくなった。モーゼスの記録やラップもその日のうちにインターネットに発表される。つまりインターネット時代を迎えて、康介も世界のライバルからチェックされているのだ。

二〇〇一年になって、インターネットの世界を通じて、平泳ぎでは駆け引き、情報戦が繰り広げられていった。

そして七月の世界水泳では、相手がどんな選手なのかもじっくりと観察していこうと思った。康介の調子はよく、シドニーのときとほとんどメンバーは変わらないこともあり、オリンピックの延長戦に挑んでいるような感じだった。

一〇〇m平泳ぎの予選、準決勝のライバルたちの泳ぎを見て、一分〇〇秒五〇を切らないことには、メダルはないと判断した。そこで立てた戦略は、前半をもう少し上げていくということだった。最初の二、三かきを力まず、それでいてスピードを意識する。あくまで後半の勝負を意識しながら、タイムを上げていこうという作戦だった。

そして決勝。スタートからの二、三かきを見て、周りのコーチたちは「よし、いいぞ」と意気込んだ。気合いが泳ぎに表れていた。しかし私は「これはヤバい」と思っていた。力みすぎてこれでは前半で体力を使ってしまいかねない。

事実、康介は最初のストロークの感覚で二五mまでいってしまった。肩に力が入っていて、このままでは後半バテてしまう……。おそれていたことが現実になった。ラスト一五まで康介は粘ったが、ライバルたちに先を越された。またしても四番だった。悔やんでも悔やみきれなかった。「前半を少し上げていけ」といった私のアドバイスが完全に裏目に出てしまったのだ。私のミスだった。

レース前からふたりとも「大和魂」を見せようとか、シドニーの悔しさをバネに、猛《たけ》る心をそのまま、レースにぶつけてしまった。そこで私が前半を上げていけ、とアドバイスしたものだから、康介は前半を飛ばしすぎてしまった。本来なら、もっと落ち着かせてから、レースに送り出すべきだったのだ。

この「四位」という数字は、シドニーとは意味合いが違っていた。シドニーではメダルを獲った三人とは、明らかに力量の差があった。四位はよくやったといえる数字だった。ところが今回はメダルを獲れる実力がありながら、作戦ミスでメダルを逃してしまった。

この失敗は正直、こたえた。

「このままメダルとは縁がないんじゃないか……」

恐ろしいことだが、一瞬、そんなことまで考えた。こんなことを考えたのは、後にも先にもこのときだけだ。康介も相当がっくりきていた。

その晩、鈴木陽二先生が私のところにやってきた。

「平井、欲、丸出しだったぞ」

私は自分の姿を客観的に見ることができないでいた。おそらく、メダルが欲しいという気持ちが傍目《はため》から分かるほど、出てしまっていたのだろう。私には返す言葉がなかった。

「平井、選手の力を一〇〇%出せるように考えろ。それがお前の仕事だろう」

そう言われて、私は気分を入れ替えた。そしてシドニーのときは、一〇〇mで四番になった後、気持ちの切り替えができず、二〇〇mで予選落ちした苦い経験がある。それを繰り返したら、俺はコーチ失格だ。本当にそう思い、翌朝、いちばん最初にプールに行って、康介と出直そうと思った。

「眠れたか」

「全然」

悔しいことに、プールではイギリスチームが先着していた。もう、欲は出すまいと考えた。タイムじゃなく、康介の泳ぎをさせよう。その甲斐あってか、準決勝では二分一二秒二一の日本記録を樹立した。これはシドニー・オリンピックに照らし合わせれば、銀メダルに相当する記録だった。

決勝のレースでは、焦らず、自分の力を出していこう。大きく泳げ。結果は後からついてくる。レースでは、アメリカのふたりの選手が先行すると予想していたが、あくまでフィオラバンティをマークさせた。一五〇までは我慢して体力を温存する。そこからが勝負だ。

レースは予想通りだった。アメリカのモーゼスが飛ばし、フィオラバンティが追う展開。一五〇をターンして、残り二五m、一五mと康介がいい追い込みを見せてくれた。私の予想と康介の泳ぎがシンクロした瞬間だった。

三番だった。康介は銅メダルを持って帰ってきた。色は何色でもよかった。とにかくメダルを獲ることこそが、大切だった。

うれしかったというより、これからすべてが始まるのだ、という気持ちのほうが強かった。この銅メダルがなかったら、いまの康介はない。これは断言できる。このメダル獲得から、康介の顔つきが変わったのだ。目標のひとつを達成して、康介自身も、アテネで金メダルを獲るんだ、ということを信じるようになった。

信は力なり。これ以後、康介はより強い人間になった。金メダルを獲得するには、ひとつひとつ苦しいことを乗り越えていく必要があるんだと、私も実感した。

一〇〇mの失敗と二〇〇mの銅メダル。一段、階段を上った気がした。シドニーのプールから一年間抱えてきたモヤモヤが吹き飛んだ。そして改めて選手に対する自分の役割というものを考えるいい機会になった。

選手が成長してるんだ。俺は一緒に走るだけでいい。これからは強くするのではなく、勝負できる選手に育てていこう。康介がゴール板にタッチするまで、大会全体のマネージメントを引き受けていこうと思った。

有言実行　世界記録を宣言

三番というギリギリのラインではあったが、福岡の世界水泳で銅メダルを獲得したことで、第二次強化計画はひとつ目のハードルを無事越えることができた。そうなれば次のステップ、二〇〇二年の世界記録達成に向けて前進するだけだ。

このとき、私はメディアを使って世界記録達成を「予告」した。パンパシフィック選手権が終わり、南原清隆さんが取材にみえた。そのとき、次の目標は、と訊かれ、

「来年は世界記録を狙います」

と宣言した。もちろん、テレビでも私の発言は流れる。それを聞いた康介がびっくりした。

「それはね、いくらなんでも暴言ですよ。自分たちが目指しているのと、テレビで言うのとは違う」

世界記録に挑むということは、どんなことなのか。私にとっても、康介にとってもそれは未知の記録への挑戦である。どうやって練習を組み立てていくのか、発想を変えていく

必要があった。そのまた一方で、人が達成していないことに挑戦することは、ものすごく楽しいことでもあった（むずかしさも実感することになるが）。

しかし私は二〇〇二年に入って、トレーニングをしていく過程で、康介の成長はすさまじく、これは間違いなく世界記録が出ると確信していた。特に八月のパンパシフィック選手権を前にしたスペインの合宿では、康介の泳ぎはすごいというひと言に尽きた。指導する私としては、もう何もしなくても世界記録は出るという確信にも似たものがあったから、笑いが止まらないといった感じだった。

二〇〇一年の冬から、新しい形で筋力トレーニングに励んだのも、泳ぎに力強さを増した原因だった。筋トレをすることで、一時期疲労が蓄積したり、泳ぎ方がぎこちなくなるという弊害は出たが、夏が近づいてきて、冬の訓練の成果が泳ぎに表れていた。康介は絶好調だった。

しかし実際には、こうしたときが落とし穴にはまりやすいのだ。私は康介を追い込みすぎていて、康介の身体にはすでに疲労がたまっていた。そして厳しい練習をしていく過程で、精神的にも研ぎ澄まされており、集中力の針が練習の時点で「一〇」の目盛りに近くなっていた。

まず、康介の肩に痛みが出た。そして肘《ひじ》。痛みが始まると、二週間は治まらないというのが経験的に分かっていた。

しかし横浜でのパンパシフィック選手権は間近に迫ってくる。練習量を落とし、コンディションを整える練習に切り替えたのだが、一向によくならない。

私はパンパシフィック選手権を棄権することも考えるようになった。

休ませる勇気

日本チームだけでなく、メディアの間にも康介への期待は高まっていた。しかし上野ヘッドコーチには、

「もしかしたら出られないかもしれない」

と伝えてはいたのだが、冗談だろう、という感じで取り合ってくれない。

またも、自分でヘマをしでかしたと思った。もう何やってんだか、と自分を責めた。

しかしなんとか泳げるようには回復し、最初の種目である一〇〇mには出場することにした。後の二〇〇mのことは考えないで、目の前のことに対処しようと考えたのだ。

それでも「この状態で世界記録が出たらすごい」と思う気持ちもあった。水中での練習を減らしていたこともあって、決勝レースでは最後にバテたものの、康介は金メダルを獲った。もちろんその結果はうれしかったが、次のことを考えるのが大切だった。

一〇〇mが終わり、ジャグジーに入っていた康介に訊いた。

「どうだ、二〇〇はいけるか」

私の気持ちの中にも、一〇〇mの結果を見て、泳がせてみたいという気持ちも芽生えていた。

「ウーン、二〇〇はいけるかもしれないですねえ」

と康介は答えたが、よく観察すると精神的にちょっと疲れたという表情を浮かべていた。最終的には翌朝の朝食のときに決めようとふたりでは話したのだが、その晩、トレーナーとドクターと相談し、「将来のことも考えて、やめたほうがいいんじゃないか」とアドバイスをもらった。

迷っている場合ではなかった。残りの競技を棄権することを私は決心した。

時として、指導者には「やめる勇気」というものが求められる。やめたり、休んだりすることはキツイ練習をするよりも、コーチにとっては勇気のいることだ。休ませることは不安につながる。だからこそ、勇気が必要なのだ。

そこで康介には一度チームを離れ、鈴木陽二先生から勧められた広島にある鍼《はり》治療の白石先生のところに向かわせた。

本人は残ってみんなの応援をしたい、と言っていたのだが、

「一度、チームを離れて冷静になれ。お前の選手生命はこれからなんだ。精神的に切り替えて、治療して、来月のアジア大会に気持ちを切り替えるんだ」

と諭して、広島に向かわせた。

私は代表に選ばれた以上、選手には責任が伴うと思っている。残って応援しているよりも、競技者としては早く怪我を治して、競技で返すというのが妥当な判断だと考えたのだ。康介は何百本という鍼を打たれて帰ってきた。幸い、精神的には前向きになったようで、笑顔でチームメイトを応援している康介の姿を見て胸をなでおろした。

しかし私には新たなプレッシャーがかかっていた。パンパシフィック選手権を途中でリタイアした以上、アジア大会まで棄権するわけにはいかない。

そしてアジア大会は二〇〇二年に世界記録を更新する最後のチャンスだった。

世界記録保持者となる

スポーツの世界は何がいい方向に作用するか分からない。練習を再開すると、休んでいたことで康介の泳ぎが見違えるようになっていた。身体つきはひと回り以上小さくなっていたのだが、パンパシフィック選手権以前のパワーに頼った泳ぎではなく、角が取れて、柔らかい泳ぎに変わっていたのだ。本当に康介の平泳ぎのうまさが出てきて、これだったら世界記録は出るだろうと思った。

改めて、何かの原因で満足な練習ができなくなっても、やれることはあるのだ、と感じた。肘が痛いから腕には力が入らない。その分、キック主体の練習に切り替えたことが功を奏した。これははじめてではない。一九九九年にも同じようなことがあり、それが経験となって、怪我をしても多少の気持ちの余裕があったのだ。順調に強化が進まないことも、後になってみれば、プラスになっていることがある。だからこそ、長期的な視野に立っての強化が大切なのである。

釜山に入り、最初の種目は一〇〇mだった。正直、まだトップスピードが戻っておらず、一〇〇mでの記録更新はむずかしく、出るとしたら二〇〇mだと思っていた。康介も怪我から戻ったということで、珍しく緊張し、二〇〇mの前にはお腹《なか》の調子を悪くして、朝食が食べられない状態だった。しかし体調が悪くても、プールでの康介は「水の乗り方」が尋常ではないレベルに達していた。進み方がいつもと違うのだ。言葉にするのはむずかしいのだが、まるで水面を移動しているようだった。

レース前のテーマは決めてあった。「最初の五〇m、慌てるな」

スピードがある状態ではないので、慌てず、大きな泳ぎを心がけるように康介に伝えた。そして康介のベストとマイク・バローマンが持っている世界記録のふたつの数字を書き出した。差は一秒なかった。

「康介、どっちを狙う？」

とズバリ、訊いた。康介は驚いた表情を浮かべた。きっと、こんなたいそうな記録を狙える状態ではないと思っていたのだろう。

「俺は世界記録が出るかもしれないと思っているんだ」

と言っても、康介は信じない。そして最後にその日のテーマにもう一度、戻った。

「よし、とにかくストロークを大きくしていこう。最後、へばっても力まなくていいから、大きな泳ぎをしていこう」

コーチ席に戻ると、バルセロナ・オリンピック以来、連続して選手をオリンピックに送り込んでいる田村栄子コーチが、

「狙ってるやろ」

と言ってくるので、

「そんなことないですよ」

とできるだけ冷静に答えた。どんな場になっても慌てず、普通の顔をして康介の泳ぎを見ること。これはシドニーの教訓だった。

怪我が治った後に世界記録を出すということは、普通は考えづらい。しかし、康介の泳ぎを見て判断する限り、これは出ると直感が言っていた。感覚の世界である。スタートして、五〇mから一〇〇mまでの泳ぎはすごかった。七五mの時点で、私は世界記録を確信した。二分九秒九七。世界記録達成。またひとつ、目標をクリアしたのだ。

康介が報道陣に囲まれていた。

「パンパシフィック選手権が終わってから、ずっとこのためにやってきました。世界記録、出ると思ってました」

うまいこと言ってやがる、この野郎！　さっきまで私の言葉を半信半疑で聞いていたのに……。康介が成長した証拠だった。

世界記録の反響

ふたりがかわした会話はわずかだった。

「出たな」

「ありがとうございます」

そんなものだった。康介のインタビューが終わると、今度は私の番だった。もうそのときには、頭が切り替わっていた。

「世界記録、出ると思ってましたか？」

と訊かれたので、

「僕は出ると思ってました。だけど、このタイムじゃ世界のライバルたちはすぐに破ってきます」

と答えた。

実はこれはマスコミの方々にではなく、康介に向かって話しているつもりだった。真意は、コンディションがいい中で出したタイムではないし、これならライバルは上をいく。

気を引き締めていかなければいけない。それにベストのコンディションを作れば、もっといいタイムが出せるぞ、ということをマスコミを通じて康介に伝えたかった。それに世界のライバルたちは、年齢的に康介のひとつかふたつ上の選手が多く、康介同様、アテネまでにもっと成長してくるという予想があったからだ。

世界記録をマークした後、中国のコーチがものすごく祝福してくれたのもうれしかった。それに日本のチームメイト、背泳ぎの森田智巳が、

「俺も世界記録出したいな」

と口に出した。康介の効果が周辺の選手にも波及しだしたのだ。

日本に帰ってくると、たいへんなことが待ち受けていた。私のところに一日に三〇本、四〇本の電話がかかってくる。取材の申し込みである。とりあえず、反響がどんなものか自分で確かめたいという気持ちもあったので、取材の申し込みを自分でさばいていたのだが、とてもではないが自分では無理だということが分かった。練習にまで影響しかねないほどだったのである。

そしてこの時期にもうひとつ、康介の泳ぎを見ていない、ヨーロッパやアメリカの選手に対して、この記録を正当に評価して欲しいという気持ちがあった。アジア大会では血液ドーピング検査がなく、

「この記録にはドーピングが絡んでいるんじゃないか」

と変な詮索をされるのが嫌だったのである。韓国には血液ドーピングを調査する機関がなく、このときの血液を日本に持ち帰って検査してもらうことにした。

それに加え、これからはどんどん世界に出ていこうと決心した。たまに世界大会に出て活躍して、引っ込んだりする選手というのが、過去にもいた。だから疑いの眼差《まなざ》しを向けられるのだが、それならヨーロッパなどを相撲の巡業のように転戦していくワールドカップや、短水路世界選手権といった大会に積極的に出場しようと考えた。いつもコンスタントに素晴らしい成績を残した上で、世界選手権やオリンピックのような大きな大会で勝てば、ケチのつけようがないと思ったのだ。だからこそ、二〇〇三年は世界と堂々と戦う年と位置づけた。

世界記録を出しても、なんとなく満足できなかったのだ。ライバルがいないところで、ひっそりと出してもなあ……。

二〇〇三年最大の目標、それは七月にバルセロナで行われる世界選手権で、一〇〇m、二〇〇mの両種目で世界記録で二冠を達成する。

誰にも文句をつけられないような勝ち方をする。それが次のハードルだった。

ビジネスとして成立している海外の大会

勝ちだすと人間は贅沢になる。どんどん欲が出てくるのだ。だからアジア大会で世界記録を出したのはうれしかったが、こうなると一〇〇mで世界記録を出せなかったのが癪《しゃく》にさわってくる。

この頃になると、ブレストストローカー（平泳ぎ選手のこと）としての康介には多面的なところが出てきて、ウェイトトレーニングによって培ったパワーのある泳ぎと、高校生のときから取り組んでいるストロークを大きくしたシャープな泳ぎという面が備わっていた。康介の手札はどんどん増えていった。

そしてその手札を海外で開かれる国際大会に出ていって、海外の選手、コーチに披露しようと考えた。そこで二〇〇三年は年初からワールドカップでヨーロッパを転戦する計画を立てた。

この大会への参加はいろいろな意味で勉強になった。参加して面白いということもあったし、水泳がビジネスとして成立している現場を目《ま》の当たりにした。何より日本と違ったのは、客層である。日本の大会だとスイミングクラブが観客席に陣取り、選手の親などが大半を占める。

しかしヨーロッパでは、一般の人が水泳を見に来て、しかもよく競技のことを知っているのだ。なにか一種、芸術を鑑賞に来るという雰囲気さえあった。試合が始まる時間も遅く、観客を優先させているな、ということを感じた。

それに参加している選手にとってうれしいのは、場内アナウンスがすごく上手で、レースを盛り上げてくれることだ。康介は、

「コウスケ・キタジマはワールドレコード・ホルダー」

と紹介されるのだ。そうなると康介をはじめて見たヨーロッパのお客さんも、泳ぎに注目してくれるし、声援を送ってくれる。こうした環境で泳ぐことで、康介は泳ぐ楽しさを感じ取ってくれたのではないかと思う。

ワールドカップの開催中は、選手は呉越同舟のようなもので、一緒に各地を転戦していく。自由形のライバル同士、イアン・ソープとピーター・ファンデン・ホーヘンバンドが一緒に泳ぐとなると、選手たちもウォームアップをやめて、釘付けになってしまう。康介も世界記録保持者ということで、それなりに注目を集めていた。

各地を転戦することでよかったのは、選手、コーチが顔なじみになっていくことだ。

そうすれば自然と会話もするようになるし、康介も自分も、海外で戦っている感覚がなくなってくる。どこに行っても自分が知っている人がいて泳げるというのは、大きな武器だ。私は海外で常に勝負しながら、大きな目標を達成させたいと思っていた。

自由ではなく、規律を重んじる外国チーム

水泳界に限らず、スポーツ界、あるいは教育界の間にも、
「海外で練習したり、勉強したりするほうが、自由でのびのびして楽しい」
というイメージがある。しかし、私が見たものは違う。海外のほうがむしろ厳しく、規律を重んじている。

もちろん、環境の面では海外のほうが恵まれている。以前、ミシガン大学に行ったとき、長水路はもちろん、学内にウェイトトレーニング場があり、しかも学生専用にトレーナーがいるなど、日本の大学とは比べものにならない充実ぶりを目の当たりにした。

私がコーチの世界に飛び込んだ前後から、日本でも環境面の整備は徐々に進んでいた。特に鈴木大地が金メダルを獲得したきっかけになったのは、セントラルスポーツが研究所を創設し、技術やトレーニングをクラブで研究しながら、運動生理学なども探求していたことだったと思う。

大地が金メダルを獲った背景にはそうしたバックアップ態勢が不可欠だった。そして現

在、東スイも含め、日本も環境面ではだいぶ欧米に追いついてきたと思う。

むしろ違いがあるとすれば、規律の面かもしれない。ミシガン大学で目撃した事件はいまでも忘れられない。

ある日、監督が選手たちを前にして、ものすごい剣幕で怒っていた。聞くと、選手のひとりが土曜日の練習をサボってアメリカン・フットボールの試合を見に行ったという。監督は無断で練習を休んだ以上、部をやめてもらうと話していた。そこでキャプテンがミーティングをするから、ちょっと待って欲しいというやり取りをしていた。アメリカで部をやめるということは、水泳の奨学金をもらって活動している以上、学校もやめなければならなくなる。

厳しい世界だと思った。伝え聞いていたアメリカというのは、すごく自由で、なんでも選手の自主性に任されて活動しているというイメージだったのだが、現実はルールに従わないとはじき出される世界なのだ。

アメリカの大学から奨学金をもらえるというのは、たくさんの選手の中から選ばれたエリートだ。エリートには責任を伴っているということがひしひしと感じられた。日本に目を向けてみると、日本は選手全体のレベルをアップしていくという感じがある。中流を底上げしていくようなイメージである。

ミシガン大学での現実を見た後、ひょっとしたら日本のほうが責任も少なく、ルールに対して緩いのかもしれないな、と思った。

集団としてのルールを重んじるという点では、ヨーロッパも同じだ。二〇〇一年の世界選手権で、朝早くプールに向かうと、すでにチーム全員でプールに到着し、チーム全員で体操をしている国があった。

イギリスだった。その時点では、まだイギリスは世界と戦うのに十分な力を持っているとは言いがたかったが、その光景を見たとき、

「ああ、イギリスはこれから間違いなく強くなってくるな」

と直感した。実際に二〇〇二年あたりから各選手がメキメキ頭角を現し、平泳ぎではハイレベルな争いが繰り広げられ、康介のライバルが登場してきた。

福岡のプールで見たイギリスには、規律に則《のっと》った強さが感じられた。水泳とは基本的に個人競技だが、ある面では団体競技の側面も持っているので、チーム全体で盛り上げていくという姿勢も大切だ。イギリスといえばなんとなく個人主義的なイメージが強いのだが、戦いとなるとそんなことはない。その日にレースがあるかどうかは関係なく、毎朝、プールでミーティングをするのだ。

ただし、すべてにおいて集団が優先されるので、ベテランにとっては疲れるシステムで

ある。それでも集団の規律を優先させながら、個人を強くしていこうという姿勢がうかがえた（私はこのシステムが嫌いではない）。

日本でも個人の判断力を磨いていくことが必要だといわれて久しいが、日本が培ってきた集団の力を必要以上に卑下する必要はないと思う。個人と集団というふたつの要素は十分に両立可能なものではないか。

また、ヨーロッパでもイタリアの練習は日本やアメリカといった太平洋に面した国々とはまったく違った練習方法を採っており、私の目から見ると、とても面白い練習をしているな、と思った。

イタリアには自由形長距離で前半を抑えて後半に一気にペースを上げるというタイプの選手がいたりするのだが、なるほど、こんな練習をしていれば、そうした選手が育ってもおかしくはない、と感じた。ドイツは生真面目で、システムが細かかった。几帳面な国民性がチーム作りにも表れていると思った。

日本人はどうしてもアメリカ、オーストラリアといった太平洋の国々を見がちである。多くの指導者もアメリカ型の練習を意識して、採り入れてきた。しかしヨーロッパにも歴史があり、豊富な知識もある。太平洋ばかりでなく、大陸にも目を向ける必要があるのではないか。

自分の役割を明確にする

海外で康介の強化を進める一方で、私には頭を悩ませている問題があった。康介のマネージメントである。世界記録が出てからの取材申し込みや、各種の催し物への出席の依頼は、やむことがなかった。このままでは自分と康介の関係が崩れていくような気さえした。

練習の後に、

「康介、今度の取材の件だけどさ」

というように声をかけると、自分がコーチなのかマネージャーなのか、分からなくなってきたのだ。それに自分自身が康介の専属コーチ、マネージャーに見えてしまうことは、東スイで練習に励む他の選手に対して失礼だとも思った。

思い切ってマネージメントをお願いするのに、いいきっかけになった対談があった。康介が女子マラソンの高橋尚子さんとお話しする機会があったのだ。高橋さんは取材を受けたら、それが新聞や雑誌に出たあとに必ず目を通すようにしているだとか、本を読んでボキャブラリーを増やしておかないと、インタビューのときに恥ずかしい思いをするんですよ、という話をしてくれた。高橋さんの話を聞いて、康介はかなり触発されたようだった。

そこで中田英寿選手のマネージメントで知られるサニーサイドアップさんに、康介の面倒を見てもらうようにお願いした。

これで取材の対応、コマーシャル、イベント関係の対応はすべてお願いできるようになり、康介と私の関係は元の選手とコーチの間柄に戻った。こういうときこそ、自分たちを戒めないといけないとふたりで話をした。俺たちはコマーシャルに出るために水泳をしているんじゃないんだ。水泳を頑張っているからこそ、話をいただけるんだということを再認識した。

そうしないと、コーチと選手の関係がぶれてしまうからだ。マネージメントをお願いしたおかげで、必要以上に康介のプライベートの面に立ち入る必要がなかったし、お互いが自立したままの関係が保てた。

プレッシャーさえ味方につける

二〇〇三年はあらゆる意味で、世界記録保持者としてのプレッシャーにさらされることになった。まず、世界水泳の選考会も兼ねた日本選手権が四月に行われたのだが、マスコミの期待は度を越したものだった。日本選手権で康介は世界記録を出すものだとみんなが思っているようだった。

「世界記録は出ませんでしたが」

という質問を受けるようになったのだ。しかし悪いタイムではない。でも、康介も自分も責められているような雰囲気があった。強化のスケジュールというものがある。いつでも世界記録は出せるもんじゃないんだが……。試合の帰り、タクシーの中で康介とこんな会話をしたことを覚えている。

「康介、俺思ったんだけど、俺ら、なんか悪いことしてるのか？　いいじゃんな、このタイムで。これから上げようとしてるんだからさ」

康介も同じようなことを考えていた。

「先生、そうなんですよ。なんか俺、怒られているような気がしたんですよ」

まったく記録の価値が分かってもらえてないな、とお互いボヤきながら帰ったのだが、このままだとオリンピックの年には、どうなるんだという不安が芽生えた。そこそこのタイムで泳がないと、「北島、暗雲」なんて見出しをつけられかねない。

つまり、世界記録を持っているということは、常にプレッシャーにさらされるということなんだな、とつくづく感じた。驚いたことに、私は「すみません、すみません」と記録が出ないことを謝っていたのだ。

正直、勝手な期待を押しつけやがってという不満もないわけではなかったが、狙って金メダルを獲るということは、こういうプレッシャーと向き合わなければいけない。それをオリンピックの前年に感じたことは大きなプラスになった。

できるだけたくさんの人で指導する

プール以外での煩雑さはわれわれの想像を超えるようになってきたが、プールの中の康介は順調そのものだった。世界水泳の前あたりまで、マスコミでは康介の泳ぎのキーワードを「ストローク数」に置いていた。実際、私も康介の泳ぎを大きくしようと考えていたので（つまりストローク一回あたりの進む距離を大きくしようとしていたのだ）、たしかに力点を置いて指導していた。

しかしこの時期からストローク数のことは忘れて、タイミングに気をつけろ、という言葉をかけることが多くなった。大切なのは足を蹴り終わって、手をかくというタイミング。専門的になるかもしれないが、平泳ぎでは、足を蹴った後、いちばんスピードが出る。ところが、スピードが乗ったタイミングで手をかき出すとブレーキをかけることになってしまう。

「康介、お前は自分で自分のスピードを殺してる。本当のお前の蹴り終わりのタイミングは、自分の感じているタイミングよりも、もう少し後にある」

というアドバイスをしていった。

水泳とは自分の感覚でしか調整できないから、感性というものが本当に大切になる。このアドバイスをしてから、康介の泳ぎはますます進化していった。そしてこれまで何年かにわたって持ち続けていた「ストローク」への呪縛が消えて、康介はのびのびと泳げるようになった。外野の雑音はプールの中には入ってこなかった。

それでも世界のライバルとの情報戦は活発だった。三月、アメリカ・アリゾナ州のフラッグスタッフで高地トレーニングを行っていた頃、イギリスのギブソンが、イギリス選考会の一〇〇mで、最初の五〇mを二七秒八で入ったことをインターネットで知った。とてつもないペースである。平泳ぎの世界は、シドニー・オリンピック以降、急激なペースで進化を遂げていた。

ワールドカップで転戦していたときは、「コイツ、たいしたタマじゃねえな」と思っていたのだが、ギブソンのコーチが宝くじに当たり、長水路のプールを作ってしまったというのだ。そこで練習を重ねたギブソンが成長株になってきたことは間違いなかった。それにしてもどんな宝くじなんだ、と思ったことを覚えている。まるで大地が「クイズ$ミリオネア」で一〇〇〇万円を獲得したようなものだ。

そして初夏には、ついに康介の二〇〇mの世界記録が破られた。新しい世界記録保持者はロシアのコモルニコフだった。破るとしたらアメリカのモーゼスだと思っていたため、コモルニコフとは意外だった。彼ともワールドカップで手合わせしていたが、いつも試合の前におどおどしていて、暗い印象があった。

しかし、言葉が通じないからそう見えただけだったのかもしれない。康介をうらやましそうに見ている視線を覚えていたので、世界記録は破られても、コイツには負けねえという気持ちはあった。

しかしコモルニコフの最後の五〇ｍのラップは三二秒八で、これは頭の中を整理する必要があった。驚異的なラップなのである。最後、三二秒で帰ってくるようになると、世界記録は二分七秒台まで伸びる可能性があったのだ。とんでもない飛び出しを見せるギブソンと後半型のコモルニコフ。平泳ぎの世界は役者が揃ってきて、厄介なことになってきていた。ただ、それは楽しい挑戦だった。

世界水泳に向けて、合宿はヨーロッパで行った。最初はローマでのトレーニング。合宿は順調だったのだが、鍼灸《しんきゅう》の佐久間先生に治療してもらったときに、意外なことを言われた。

「北島選手、筋肉の奥のところにものすごい蓄積疲労があると思います。いま、治療すると身体が緩みすぎて、しばらく元に戻らなくなるかもしれない。でも、選手寿命はここで治療したほうが延びると思いますが……」

と言われたのだ。康介の調子は悪くなかった。しかし、私は直感として選手寿命のほうを取った。長く、アテネの先も康介には泳いで欲しかったのだ。

治療をしてもらうと、驚くほど康介の筋肉が柔らかくなった。しかし競技者としてみると、筋肉が緩みすぎて、練習をしても精彩を欠くようになった。バルセロナの世界水泳は四週間後に迫っていた。このままではコンディションが間に合わなくなる可能性があった。

ふつう、四週間前になると、練習メニューを厳しくしていくということはない。しかもそのときは高地でトレーニングしていたので、平地に降りたら、練習メニューを落とすのが通常のやり方である。私は康介に言った。

「平地に降りても完全に落とすんじゃなくて、少し上げるよ。このままだとスピードが足りなくなるから。康介、お前がグループの中でいちばん遅れているし、特にハードにやるつもりだ」

と告げた。

「全部、先生にお任せします」

それが康介の答えだった。この言葉で私の気持ちは本当に楽になった。康介は信頼を寄せてくれている。それが支えにもなった。

このとき、鍼を打ったのはある意味、冒険だったかもしれない。このとき佐久間先生は、

「鍼を骨に当てます」

と言ったのだ。

そう聞いて私などびっくりしてしまったのだが、骨に当たっても全然痛くないのだという。実際にやってみると、康介の腰回りはこんなに柔らかかったのか、と驚いたほどだった。

ふつう、水泳の常識では骨まで当たる鍼治療などは、発想として出てこない。しかし発想の違う人の意見を導入することで、いろいろな発見ができるようになる。この時期、自分とは畑の違う人の意見を採り入れることで、刺激を受けることができた。頂点を目指す上では、こうした出会いが不可欠なのではないか。

また、そうした場合、自分が開かれていることも大切だ。偏見を持たずに、意見を採り入れる余裕がなくてはせっかくの出会いが台無しになってしまう。

平地に降り、厳しい練習を康介に課したのだが、当初はあまり調子が上がってこなかった。新聞記者の人が来て、どうですか？　と訊いてくるのだが、のらりくらりかわしていた。そのうち、だんだんと泳ぎにシャープさが戻ってきて、調子の底を打ったという感じがあった。

開催地のバルセロナに入ったのは、大会が始まる三日前である。ギリギリだ。そして一〇〇ｍが行われる前日、康介が五〇ｍで三本のディセンディング（三本を通じてだんだん記録を上げていく練習方法）をやりたいと言ってきた。泳ぎは完璧だった。すべてがギリギリのタイミングでかみ合ったのである。コーチの仲間からどうだったと訊かれ、

「間違いない。世界記録だ。絶対に心配ない」

と断言した。

そして午前の練習が終わった後、康介、個人メドレーの三木二郎と三人で夕方、買い物に出かけたほどである。リラックスして欲しいという意味合いだったが、万事、手は尽くしたという実感があった。

世界一になった日

予選が始まった。康介の調子はもう分かっている。後はライバルたちの泳ぎをこの目で確かめ、決勝で手を打つだけだった。

予選ではギブソンが隣で泳ぐことになった。レースが始まると、たしかに速い。スピードがある。ところがターンが驚くほど下手で、前半のリードを食いつぶし、ターンが終わると康介に追いつかれている。

ところがギブソンのターンには変わったところがあった。ふつう、ターンというのは手をついたら左手を下にしてターンする。ただし例外があった。オーストラリアである。オーストラリアは右手を下にする。ギブソンは右手を下にしていた。ひょっとして康介を動揺させるために反対でターンしているんじゃないかと疑心暗鬼になった。もし、決勝で左手を下にしてきたら、タイムが上がってくる。

オーストラリアはターン以外にも、アップのときに反時計回りに泳いだり、他の国と習慣が違う（南半球の国なので、台風の渦巻きが北半球とは反対なように、習慣上違うのかもしれない）。こうしたことを知っておかないと、妙に動揺してしまったりする。経験というものは重要なのだ。ギブソンの場合、康介を負かしにきて、わざと康介のほうを向いてターンしているのかと勘ぐったのだが、イギリスのヘッドコーチがオーストラリアで教えていたからだと分かった。

他の選手というものは、実際に泳ぎを見ると、どの程度の選手なのか、分かるのである。やはり国際大会で怖いのは、ギブソンのように急に頭角を現してきた選手で、しかも思い切りのよい戦法を採る選手なのだ。その点を康介と話してみると、選手の感覚というものは鋭く、あの選手が怖いと言ってきた。

戦略はギブソンをマークすることだった。前半を抑えてしまうと、もしかして逃げられてしまう可能性もある。そこで、

「お前の泳ぎはいま、本当に充実している。基本的には同じでいいけど、前半の五〇mは二八秒五を切るつもりでいこう」

と話した。

最後の二〇mでお前にかなうやつはいない。少しだけ前半を上げていけば大丈夫だ。絶対に勝てる。問題は記録だからな。

そう伝えた。康介も落ち着いていた。

「僕も同じ気持ちでいこうと思ってました」

ここでも自分と康介の気持ちがシンクロしていた。うまくいくときは、こういうものなのかもしれない。しかもこのときの康介は準決勝が終わった時点でも、余力があるな、という感じがした。いつもだったら準決勝あたりで緊張もしているし、疲労の色も浮かべるのだが、体力を温存している様子がうかがえたほどだ。経験、そしてトレーニングがすべて照準に合ってきたのだ。

そして一〇〇m決勝。前半はやはりギブソンが思い切り飛ばした。五〇mのターンを見て、康介のペースはちょっと遅いかもしれないと思った。しかし、ターンして浮かび上がるとそんなに開いていない。

ところがギブソンはそこで早めのスパートを仕掛けてきた。競馬でいうと逃げ馬が二の足を使うという感じで、速い。まるでシドニーや福岡のときの康介を見ているようだった。これは最後の最後で、バテる。失敗を経験している私には展開が読めた。

最後、康介がスパートをかけた。泳ぎのタイミングが完璧だった。練習中に言い続けてきたことが、結実した瞬間だった。ストローク数云々《うんぬん》じゃない。泳ぎのタイミング。どんどんテンポを上げていくと、それがそのままスピードの上昇につながっていく。身体と気持ちが完全に一体化していた。

康介は一番にタッチした。記録が問題だった。五九秒七八。

実はこのとき、コーチ席ではなく、私は観客席の三階でレースを見ていた。自分としては冷静な気持ちで泳ぎを見ていたかったのである。WR（世界記録）という表示に興奮を隠し切れなかった。そうすると周りの観客が「キタジマのコーチだ」と言って、「コングラチュレーション」やら、「一緒に写真撮ってくれ」だのと声をかけてくれ、即席の祝勝会となった。

そして階下に降りていき、康介と抱き合った。

「よかったなあ」

プレッシャーを感じていなかったと言えば嘘になる。正直、ホッとした。ただ、シドニーや福岡で感じたような疲れというものがなかった。それまではずっと緊張していた。しかしバルセロナでは、リラックスしていた。朝、会場に向かうバスの中で、

「いよいよ康介が世界一になる日が来たか」

と図々しいことを考えていたのである。余裕があったのである。康介も一緒だった。一〇〇mで優勝した次の日、朝、軽く泳ぎたいと言ってきたのだ。心も身体もまったく消耗していない。

失敗と経験が生きたのだと思う。シドニーでの未熟さ、気持ちの切り替えの失敗。福岡

での作戦ミス。世界に出て戦うことで、日本選手権で感じるのと同じような余裕を、世界大会で感じられたのである。力んでいた昔の自分とは違っていた。日本選手権では知っている選手、知っているコーチに囲まれ、そして自分たちには実績もあった。ところが世界に出ていくと、ビビッてしまう。

しかし積極的に国際大会で泳いだり、海外で合宿を張ることで、バルセロナではアウェイで戦っているというプレッシャーがなかった。段階を踏んでここまで来た、そうした充実感があった。

そして、二冠

金メダルを獲得した後、プールサイドで各国の選手やコーチが「コングラチュレーション」と声をかけてくれたのが、なんともうれしかった。やっと世界の大舞台で康介の真価を発揮できた、康介がスイマーとして認められたという思いがあった。きちんと見てもらって、評価されること。これは何事にも勝る喜びだ。

そしてモーゼスのコーチがやってきて、

「すごかった。おめでとう」

と言ってくれたのは、本当に感激した。ライバルのコーチにきちんと祝福できる彼の姿勢にも感服した。

そしてその後、日本の記者団に囲まれ、いつもはみなさんに質問されるばかりだから、と思い、三本締めをお願いした。すると、外国のメディアが気味悪そうにこちらを見ていた。こっちはやったんだ、世界一だという満足感でいっぱいだった。

それでもその翌日の新聞には「キタジマ、カミカゼ」とか、ボキャブラリーが貧困だなあと感じるような記事が載っていて、三本締め、ちょっとまずかったかな、と少しだけ気になった。

そしてその晩、伸ばしていたひげを剃《そ》った。勝ったらひげを剃ろうと約束していたのだ。みんな、すごく驚いていた。

翌日も康介は余裕の表情を浮かべていた。福岡の眠れない夜とはエラい違いである。私のほうも、ゆっくり休んでもいいし、できれば午前中には終わろうと持ちかけたのだが、康介は、

「ゆっくりめにプールに出て、軽く泳いでからみんなの応援しますよ」

と言ってきた。気持ちの余裕もあったし、そしてこの二年間でかなりの体力がついた証拠だった。私は一〇〇ｍの後半がよかっただけに、二〇〇ｍはとんでもないタイムが出るかもしれないとワクワクしていた。

私の予想は二分八秒七くらいのタイムだった。ただし、力まなければ、という条件付きで。ワクワクしている反面、去年出したタイムが破られていることもあり、少しプレッシャーもあった。優勝しても世界記録が出ないと、面白くない。優勝と記録。これらを両立させるのは、ちょっとむずかしい。発想を変えなければいけないからだ。積極的に飛ばすのか、それともジワリと追い込んでいくのか。私には多少、迷いがあった。

ただ、日本選手権のときにストローク数にこだわりすぎたという反省があったので、康介の感性を信じることにした。

「お前のやりたいように泳いでいい。ストローク数にはこだわらなくていいから、普通に泳げ」

康介も淡々としたものだった。

「そうですね。力まないでいってきます」

事実、予選の泳ぎが準決勝、決勝と比較してもいちばんいい泳ぎだった。力まず、すごく力が抜けて二分一〇秒六六というタイムが出た。大会新記録である。会場はものすごい歓声である。実はこの記録、日本選手権のタイムとそんなに変わらないのだが、日本では責められ、バルセロナでは拍手の嵐。分かってる人は分かってるな、とうれしくなった。

二〇〇mのときは、他の選手の康介に対する見方も変わっていた。一〇〇mの準決勝のときなど、康介は一分を切ったのだが、「おお、なかなかやるな」という感じの見方だった。しかし今ではチャンピオンが泳いでいるという眼差しが康介に向けられていた。

準決勝は記録狙いだった。私も、本人もそのつもりだった。ウォームアップの調子もいい。そうしたらバタフライの山本貴司が銀メダルを獲った。貴司とはシドニーのときも、福岡のときも一緒にメダルを獲ろうと頑張っていたのだが、福岡では四番で念願を果たせないでいた。それが一気に銀。こちらまで興奮してしまった。チームも一気に盛り上がり、康介にもそれが伝染してしまった。

「こりゃ、力むだろうな」

予感は的中した。

興奮することは決してベストのパフォーマンスを生むことにはつながらない。極度の集中力を発揮して興奮すると、それは力みにつながりやすいのだ。落ち着いていけ、と思ったのだが、まだまだ「修業」が足りず、力みがそのまま泳ぎに出てしまった。トップで通過はしたものの、不満の残る内容だった。

ただ、ライバルたちの泳ぎを見ても、決して康介が負けることはないと判断した。後は記録。世界記録保持者の冠を取り戻さなければ、と思っていた。

決勝ではアドバイスらしいアドバイスはなく、いつもどおり確認事項の徹底に終始した。おそらくアメリカのブレンダン・ハンセンが一五〇まで速いはずだ。アジア大会のときは一分三六秒台で折り返したから、今回は一五〇の時点で一分三五秒五を目指していこう。ある程度、最初は相手についていく。ストローク数にはこだわらなくていい。最後はお前にかなうヤツはいない。

レースは予想通りの展開を見せた。一〇〇mで二位に入ったハンセンが競《せ》りかけてきた。

康介を負かしにきたのである。康介も積極的についていく。ストローク数にこだわるな、と言っておいてよかったと思った。こだわっていたら、水を開けられる可能性があった。こだわりを捨てたのが結果的に正解だった。

ただし、勝負がかかった分、康介の泳ぎは柔らかさを欠いていた。しかし別の強さが表れていた。横綱相撲なのだ。隙を狙って勝ちにいくのではなく、競りかけてきた相手をねじ伏せるような泳ぎを見せたのだ。勝負を挑まれる。それに堂々と応える。康介の新境地を見た思いがした。

すでに康介はマークされる立場の選手になっていた。そうすると康介の長所を消そうと相手も戦略を練ってくる。そうすると自分の思いどおりのレースができず、力みすぎることがある。しかしこのレースでは予想できないことが入り込んできてもなおかつ、康介は相手をねじ伏せるような強さを見せた。

よし、競ってこい、どんどん競ってこい。最後につぶれるのは、そっちのほうだ。そんな自信を持って私はレースを見ていた。案の定、ハンセンは失速した。康介は挑まれて、勝った。二分〇九秒四二。世界記録。二種目で勝ちにいき、二種目で世界記録を樹立する。途方もない挑戦だと思った人もいた。しかしどでかいことを康介は成し遂げたのだった。

バルセロナの世界水泳は、あえて「二兎」を追った。二兎を追った経験がこの後、絶対に生きてくる。私はそう確信していた。

二冠を達成した後、私と康介にはまだ仕事が残っていた。メドレーリレーである。ここで私は、アテネへ向けて伏線を張ろうと考えた。一〇〇mと二〇〇mのレースは、先行する選手を追いかけて、じっくりとかわすというレース展開をしてきた。

しかし私は、康介がどんなことを仕掛けてくるか分からない「ミステリアス」なスイマーにしておきたかった。そこでメドレーリレーでは前半から思いっきり飛ばして、度肝を抜いてやろうと考えた。

「キタジマはこんなレースもできるのか……」

完全にアテネ用の作戦だったのだが、康介の泳ぎは見事で、メドレーリレー銅メダル獲得に一役買った。この泳ぎを見て、ライバルたちは相当厄介な相手だと考えていると思う。

そうなれば、しめたものなのだが。

練習でしかできないこと、試合でしかできないこと

二冠は達成したが、世界のレベルは相当上がっていると実感した。スポーツには練習で強くする部分と、試合で強くなるという部分があると思う。そして試合での究極の目標は、自分の力を十二分に発揮するということだ。

簡単に言ってしまえば、ガムシャラに練習して、試合になったときに冷静に自分の力を発揮できるということが大切だろう。

そしてバルセロナの世界水泳で見せた康介の余裕は、メダルを獲得できる自信があって、楽に決勝に残れる自信がなければ持てないものだろう。だからこそ、そのために一年、一年、目標をクリアして階段を上っておく必要があったのだ。

しかしここまで来るには時間がかかった。思い返すと、シドニーのときの康介は予選からガムシャラに泳ぐしかなかった。そのレベルではやはりメダルを獲るのはむずかしかった。

そして練習以外にできることにも、もう一度目を向けることにした。康介が高校生にな

ってから、あまり私生活には立ち入らず、練習のときも、他の選手とあまり扱いを変えないようにしてきた。それが選手の自立を促すことにつながると思ったからである。

しかしオリンピックを前に、方針を変えることにした。できるだけふたりで話をしていこうと康介に言った。実のところ、特別扱いしないことで康介にはちょっぴり不満がたまっていたようだ。

「今度からは、世界一になったわけだし、食事でもしながらいろいろなことを話そう。今まで以上に頑張らなきゃいけないから、お前には申し訳ないけど、距離を縮める」

それに付け加えて、特別扱いの意味を説明した。それはトレーナーをはじめとしたスタッフでお前を支えることで、単純にかわいがるということじゃないから、と。

「それはよく分かってます」

実はこうしたことを話すのは、久しぶりのことだった。世界水泳が終わってから、康介も私にいろいろなことを話してくれるようになった。いままでのことを振り返りながら、あのときはこう思っていたとか、お互いの真意を打ち明けたりしたのだ。

アテネでの金メダルを獲得するには、どうしても必要な作業だった。

バルセロナから帰国すると、日本はたいへんなことになっていた。コマーシャルやら、イベントへの出演依頼、もしマネージメントをお願いしていなかったとしたら、とんでもないことになっていたと思う。

しかしあくまで練習が最優先であり、精神的に負担となった時期もあったとは思うが、康介はいろいろな役割を果たしていった。

もちろん、そんなに出て大丈夫か、という声もあった。しかしこれまで水泳選手がこれだけ露出したことはなかったと思うし、康介にも私にも水泳をメジャーにしたいという気持ちもある。そんな役割を引き受けられる康介は幸せだと思う。

身体を使って心を鍛える

いよいよアテネが近づいてきたが、康介を通して世界を見ていると、日本人が勝つために必要なことが少しずつ見えてきたような気がした。これも国際大会に積極的に出ていった効果である。

やはり日本人は日本人のプライドを持たなければいけないと思う。明治維新以来、日本に西洋文化が入ってきて、日本人の心のどこかに、西洋のものは優れているんだという潜在意識があるのではないか。洋服にしても、車にしても、そんな気持ちが植えつけられてしまっている気がする。

しかしスポーツはある意味、戦争という側面も持っている。

康介がアメリカに憧れているばかりでは絶対に勝てない。だからこそ、西洋のものばかりを採り入れるのではなく、日本人のプライドを持って、トレーニング方法なども吟味していく必要があると感じている。

青木先生に聞いた話だが、弓道とアーチェリーの違いは、アーチェリーは得点を競う競技で、技術を競うスポーツ。しかし弓道は、弓を引いて、的を一生懸命狙うことで、心を鎮めて心を鍛えるという意味合いがあると。やはり日本の方法は、身体を使って心を鍛えるというところに落ち着くのではないか。

根性的なものはダメだ、という西洋の考え方が導入されて、よりよい食事を取り、理想的な環境を整えることを主眼にするという考えには一理あるが、私には肉体と精神を切り離してトレーニングするということに違和感がある。

やはり精神と肉体のバランスを一致させること、これが強さを生むと思う。康介の面構えを見ていると、「大和魂」という言葉がよく似合う。環境が整っていないところでも、結果を出せるのは、精神的な強さが大きな意味を持つからだ。

ひょっとして、昔の侍って、康介みたいな人間だったんじゃないか。そう思うときがある。康介は急に怖い顔になるときがあるからだ。その集中力は、肉体にも伝わり、独特の雰囲気をかもし出してくる。康介に侍のイメージをだぶらせるのはそう間違ったことではないと思う。

ただし、日本人が劣っている部分というものももちろんある。体格的なもの、そうしたことをより知らなければいけない。劣っている部分を認識してこそ、はじめて効果的な強化方法が見つかり、選手は成長を始める。

日本人の武器といえば、やはり技術、そして細やかさだろう。ドイツ人も細かいが日本人はそれ以上に細かい。これは世界大会を観察した結果だ。外国の選手は体力にアドバンテージがある分、技術ではなく、力で泳いでしまうところがある。

日本人の弱点と強み。それをしっかりと把握すれば、競泳の世界で日本人は十分に戦っていけると確信している。

第7章

アテネへの階段

結果がよかったときこそ、反省が必要

二〇〇四年。いよいよアテネで金メダルを狙いにいく年になった。

まず、最初の仕事は四月に東京・辰巳で行われる日本選手権兼アテネ・オリンピック代表選考会（以下「選考会」）で、オリンピック切符を獲得することである。

オーストラリアの予選では、イアン・ソープが四〇〇m自由形でフライングで失格し、その後になって出場権を譲り受けることになったが、水泳の選考は一発勝負ということもあり、独特の緊張感がある（それにしてもソープはどんな気持ちでオリンピックで泳ぐのだろうか）。

康介は一〇〇m、二〇〇mともに優勝、選考に必要な派遣標準記録を突破して、二度目のオリンピックへの切符を手にした。

しかし正直なところ、選考会は不満の残る結果となってしまった。決勝のレースはそれなりのタイムをマークし、結果オーライのところがあったのだが、一〇〇、二〇〇とも予選、準決勝、そして決勝と三本泳ぐ中で課題を修正できず、納得のいかない泳ぎになって

しまった。

その理由には様々な要素がある。自分でも課題は分かっている。原因を突き詰めていくと、前年の秋に練習がスタートしたときにまで遡《さかのぼ》ることができる。

二〇〇三年の世界水泳を最高の形で終え、二〇〇四年に向けて始動したのは九月からである。オリンピックに向け、二〇〇四年の夏までに取り組むことは、それまでシドニーが終わってからの三年間に練習してきたことを、一年間にギュッと凝縮させることである。

たとえば二〇〇一年はウェイトトレーニングをはじめ、新しい方法を使って身体の強化に挑んだ年だったが、同じような身体づくりを九月、一〇月と行い、冬場にかけては泳ぎを磨いていくというスタイルを採った。これまでやってきたことは間違いがなかったと思っているし、それを発展的に継続させていくことが金メダルの獲得につながると考えていたのである。

しかし盲点があった。練習にもはや新鮮味がなかったのだ。それまでの三年間、康介と私はあらゆることに取り組み、課題が生まれればそれを解決してきた。だからこそ、大きな課題を見つけることができず、泳ぎのトレーニングにしても具体的なテーマを持って練習することができなかったのである。

これは世界水泳の結果がよかったからこそ、陥った罠だったかもしれない。本当は結果がよかったからこそ、反省しなければならなかったのだ。

結果が出ると、その延長線上にある練習をこなしていけば、同じ結果が出るはずだと、どうしても思いがちになる。しかしそこに隙が生まれてしまう。今回、選考会に向けてはいままでの方法でやっていこうという気持ちが「惰性」を生んでしまい、康介の泳ぎにも表れてしまったと反省している。

しかし発想を変えれば、ここで課題が抽出できたともいえる。泳ぎがよくなかったことで、オリンピックに向けて、もう一度、初心に帰って練習に取り組むことができる。

この結果を生かせるかどうかは、今後の練習次第である。

モチベーションを保ち続けることの難しさ

そしてもうひとつ、選考会が終わって考えたのは、「モチベーション」という問題だった。惰性に流される部分があったからといって、康介が練習をサボったとか、トレーニングがうまくいかなかったということはなかった。メニューは順調に消化していった。しかし結果が伴わなかったというのは、どういうことか？　それには気持ちの問題というものがリンクしてくる。

選考会で康介が最後の種目となる二〇〇m平泳ぎが終わってふたりで話したのは、具体的なテーマを持って取り組まないことには康介も覚悟を決めて練習できないし、私自身も燃えてこないということだった。

康介は私にこう言ってきた。

「自信がなかったんですよ」

訊けば、事前の高地合宿の間から、泳ぎの感じがしっくりこなかったのだという。私の目から見たら、そんなに悪い泳ぎをしていたわけではないのに、いつの間にか康介は負の方向に思考が働いていたのかもしれない。

大会前の練習を見ていると、選考会のタイムは十分に予想できた。一〇〇mで一分〇〇秒台の前半、二〇〇mでは二分一〇秒くらいだろうと感じていた。だから、選考会のタイムは予想の範囲内だったのである。

コーチの側からすれば、オリンピックに向けてこのタイムで十分という考えだったのだが、泳いだ康介にしてみると、本人が知っているいちばんいい感覚から比較すると、ちょっと悪いのだという。本人には泳ぎの感覚のズレがあったのだ。

大会が終わって、康介の中に不安が残ったとすれば、それは選考会で泳ぎの「テーマ」を設定できなかったことに問題があったと思う。

勝てると分かっているレースでも、テーマ設定さえしっかりしていれば康介もそれに向かって泳ぎを集中することができたはずだ。康介という人間は、全力でやってすごい力を出すタイプの選手である。ところが今回は私自身が、

「こんなもんでいいんじゃないか」

という雰囲気を出してしまい、適切なテーマを与えることができなかった。つまり康介に全力でぶつかっていける環境を作ることができなかったのだ。

話し合ったときに、私は康介にこう言った。

「レースに送り出す俺もなんとなく送り出してるし、お前もなんとなく泳いでる感じだったと思うんだ」

康介も神妙な感じだった。

「言われてみれば、そうだと思います」

これまで康介と私は、厳しいテーマを設定することで、気持ちを鍛えていたのだ。福岡の世界水泳でのメダル。二〇〇二年の世界記録。そしてバルセロナでの二冠。はっきりとしたテーマがないと、指導者もつらい練習を課すことができないし、康介も腹をくくって練習できない。

康介はこれまでよく頑張ってきたと思う。それくらい、相当踏ん切りがつかないとできない練習をしてきた。それだけでは言葉が足りないほどだ。腹も、肝も、度胸も据えなくてはいけない。康介が覚悟を決めたら、そこではじめて極限の集中力をもって練習に取り組める。悔しいことに、選考会ではそこまでの覚悟を決めさせるほどのテーマを与えることができなかった。

不十分な覚悟が泳ぎにも表れてしまった。特に二〇〇ｍでは最初の部分で、身体をグーンと伸ばすことが重要である。実は身体をしっかりと伸ばすこと、それはブレストストローカーにとって、たいへん勇気のいることなのだ。選手としては、水をかいているほうが、不安は少ない。動作が能動的だからだ。

しかし伸びる場合、焦っていると次のかきの動作に早く移りたくなってしまう。康介は選考会では十分に伸びないで、水をかきに入ってしまった。

伸びひとつとってみても、改めて「テーマ」というものの重要性に気づかされた。もし、かきの後の伸び、というテーマを持って選考会に臨めば、また違った結果が生まれていたかもしれない。やはり惰性で流されていてはいけない。勝って兜《かぶと》の緒を締める。この言葉のむずかしさを実感した。

選考会を振り返ってみると、大会前から康介はインタビューに答えるときなど、

「世界新記録を狙って泳ぎたいと思います」

と話してはいたが、私からすると心の底から新記録を出すんだ、と思って話しているようには見えなかった。

実のところ、それは私の気持ちをそのまま映していたのかもしれない。私は国内で世界記録を出してやろうと本気で思っていただろうか。オリンピックの選考会ではまだまだ本気を出さなくても……という私の気持ちが康介に見抜かれ、それが泳ぎに出てしまったかな、と反省している。

選考会の時点で、世界記録を出そうというテーマは必要なかった。しかし泳ぎの面で小

さなことでもいいからうまいテーマが設定できていれば、意義ある大会にすることができたはずなのだ。テーマ設定は昔から取り組んできたことなのに、それを怠ってしまった自分が悔やまれる。

今回はある意味で、マスコミにも助けられた。世界水泳の前は、世界記録が出ないことに不満を持った記者の方もいたと思うが、今回は余分なプレッシャーを与えられることもなく、康介を見守ってくれている感じがした。それはアジア大会で世界記録をマークして以来、お互いがいろいろな意味で慣れてきたことも大きいと思う。やはり経験というものは、大きな武器になるのだ。

しかし順調にオリンピックまで進むよりも、一度立ち止まって考えられる機会が与えられたのは、幸運だったと思う。

康介自身も、これはもう一度しっかりやらないといけないという顔をしていたし、コーチと選手が信頼感を持って練習に取り組まないことには、頂上を目指すことなんて、できないからだ。

チームをどう指導するか

ただ、選考会では未経験のことがあった。私は六人の選手を選考会に挑ませた。コーチの私は選考会の開催中、毎日、指導している誰かが決勝に残ることになり、大忙しの日々を送ることになったのだ。こうした事情も康介のタイムに影響してしまったかもしれない。結果として、今回はオリンピック代表に康介、個人メドレーの三木二郎、背泳ぎの中村礼子の三人を送り込むことができた。

今回、オリンピック出場を決めた礼子は二〇〇三年の夏を過ぎてから、私のところの練習に参加するようになった。昨年の成績が満足できないということで、気分を一新してオリンピックを目指したいという気持ちがあったからだ。

礼子は二月の段階で、練習量が相当キツイと思っていたそうだ。「平井先生の練習は楽だと思ってたんですが……」というイメージがあったようだが、そんな先入観を吹き飛ばすようなかなりの練習量を課した。その練習が気持ちの強さにつながったのだと思う。以前、礼子はメンタルトレーニングにも取り組んでいたようだが、私は、

「二月のトレーニングがメンタルトレーニングなんだ」

と話をしたら、納得してくれた。

二郎は一時期、成績が思ったように伸びず、「ひょっとしたら、二郎はやめるって言い出すんじゃないか」と周りが心配したほど、どん底の時期があったと思う。しかし一度、苦しいときを過ごしてみて、気持ちをリセットすることができたから、オリンピックの代表の座をつかめたんだと思う。

もともと日本のトップスイマーだったふたりの頑張る姿を見て、康介も刺激になったと思うし、これからオリンピックを目指す上でもプラスになると思っている。

ただ選考会のケースでは、六人を指導する分、康介に対するコーチングの密度が薄れていたかもしれない、という反省が私の中にある。

金メダル獲得のために、康介とは距離を縮めたいと思っていた自分がいたのだが、他の選手もオリンピックに連れていきたいという欲求もあった。そのバランスが指導者にとってはむずかしい。三月にはアメリカのアリゾナ州にあるフラッグスタッフで高地トレーニングに入ったのだが、三木、中村の調子がいい。よし、みんな行けるぞ、となったときに、オリンピック切符に関しては心配のない康介に対して、疎《おろそ》かになった面があったのは否めない。

水泳は個人競技でありながら、練習は団体で行う。面倒を見ている選手、全員に一〇〇％のコーチングを施すことは、正直、むずかしい。指導法が変わってくるのだ。

二〇〇四年の選考会の指導者としての私のテーマは、複数の選手をオリンピックに出すということだった。これは私にとっては新たなチャレンジである。

もし、目標がひとりの選手にとんでもない記録を出させてオリンピックに送り込む、ということであれば、当然、康介の指導に力が入るわけだが、複数の選手を送り込むとなると、当落線上ギリギリの人間に指導が集中するのである。

つまり選考会に関しては、ボトムアップを図ったのだ。今回、選考会が終わって分かったのは、選手の実力というのは正直だな、ということである。

ボーダーラインにいる選手には、もしアテネ・オリンピックが無理でも、二〇〇五年にはカナダ・モントリオールで世界水泳がある。そのときには確実に代表になって欲しいという思いもあった。

実際に今回の泳ぎを見ていると、彼らは将来に期待を持てる泳ぎを披露してくれた。だから「複数の選手をオリンピックに」という目標に沿った形で強化が進んだのだ。結果として東スイのスイマーのレベルアップは成功を収めたと思う。

もし、ここで一点集中型の練習をしていれば、きっとそれに見合った結果が生まれていただろう。

そういう意味で、選考会で康介の泳ぎが精彩を欠いたのは私の責任である。それにしても、指導者が最初に掲げる目標というものは、結果を左右する重要な事柄である。最初の「志」が到達点を決めてしまうのだ。

恵まれた世代の育て方

康介や二郎、礼子といった経験のある世代を育てていくと同時に、私は将来の北京・オリンピックやその先のオリンピックを見据えて、新たな世代の強化も進めていかなくてはいけない。コーチングには終わりがないのだ。

ただ、現在の一〇代の選手たちを指導していると、彼ら、彼女たちが「恵まれた世代」だということを実感する。康介が一〇代のときと比べると、トレーニング方法は確立しているし、環境にも恵まれている。しかしその分、「自分が強くなりたい」という気持ちがちょっと薄い気がするのだ。

コーチがなんとかしてくれるんじゃないかとか、合宿に行ったら速くなれるんじゃないかとか、選手としての気持ちが受け身になっている感じがするのだ。

どんな競技にでもいえると思うのだが、選手はコーチが強くするのではなく、選手が自分たちで覚悟を決めない限り、強くなれない。

若手が受動的になってきている理由も分かっている。康介を指導することで実績を上げてきているから、そう思う気持ちもなんとなく分かる。コーチの言われたとおりに練習していけば強くなれるはずだ。そんな気持ちが透けて見える。

しかし康介とはあらゆることに挑戦しながら取り組んできた。高地トレーニングに行ったからといって必ずタイムが上がるとは限らなかった。成功するかどうかの確率は五〇対五〇、フィフティ・フィフティだった。高地トレーニングは身体への負担も大きく、薬にも毒にもなるといわれていた。

しかし康介は自分自身が強くなるためには、あらゆることにチャレンジして、その効果を確かめたかった。康介とのアテネまでの軌跡は、挑戦、確認、挑戦、確認の連続だったのだ。康介はひとつひとつ、覚悟を決めて練習に挑んできたのだ。それに比べると、若い選手はまだまだ甘いと考えざるを得ない。

つまり康介は強くなるために高地トレーニングに行き、若い選手たちは高地トレーニングに行けば速くなると思っている。目的と手段が逆なのだ。速くなる、強くなるというモチベーションが先になければ、どんな手段を採っても効果は期待できない。

選手の「本質」は、やはり厳しい練習を課したときにあぶりだされる。若い世代は本当にキツいと、気持ちが逃げてしまう。コーチは逃げ出さないようにつかまえていなければならない。

そうした場合は、練習メニューに手を加えたりして、つなぎとめる。その分、練習にロスが出るのはやむを得ない。

しかし今回、オリンピック切符をつかんだ康介、二郎、礼子たちは厳しい練習を課せば課すほど、練習に対してぶつかってくるところがある。この壁を超えてやるんだ、という殺気めいたものさえ出してくる。それは覚悟の違いだと思う。

今後、「恵まれた世代」のモチベーションをいかにアップさせていくかが、アテネ以降の課題になりそうだ。

もちろん、自分にも反省点はある。自分にも指導者としての実績が出てきたので、選手を指導するにしても、ゼロから教えるのではなく、最初の手間のかかる段階をスキップして、三か四くらいから始めてしまう。そのほうが楽だからだ。

しかし強くなりたいというモチベーションを持ってもらうためには、コーチのほうとしても、ゼロからスタートしていかなければダメだと痛感している。若い世代に自分の気持ちをどう伝えるか、これから考えていかなければならない。

最後は「人間力」が勝負を決める

いま現在、オリンピックに向けて、練習の真っ最中である。七月からはスペインのグラナダで合宿を行い、オリンピックの開幕直前になってからアテネに入る。三日前を予定している。ちょうどバルセロナでの世界水泳で行ったのと同じような調整パターンを採る予定だ。

金メダルを狙えるということで、合宿地でもかなりマスコミからの注目を集めると思うが、「オリンピックでの目標は？」と訊かれたら、もう答えは決まっている。

「金メダルを狙うしかありません」

これは思ったような泳ぎができなかった選考会の後に、康介とふたりで話し合って決めたことだ。オリンピックでの金メダル、これは究極のテーマである。金メダルを獲るためにどんな練習でもこなす覚悟を決めなければいけない。

正直、選考会の後は、康介の言葉に歯切れの悪い部分もあった。康介にとってはかなり不安な時期だったのだろう。それでも、結局はお互いが金メダルを狙うと外に向かって話していこうということになった。

それでもオリンピックだからといって、特別なアプローチをとろうとは考えていない。シドニー・オリンピック以降に培ってきた経験というものが康介にはある。その経験を信じ、覚悟を決めて挑戦する部分には思い切りぶつかっていく。それしかない。

練習、合宿、海外の大会、そして世界水泳のような大舞台で泳いできたのは、オリンピックという選手にとって最高の舞台で、経験したことがない突発的な事態に遭遇しないために、経験を積み重ねてきたのである。

ただ、ひとつだけこれまで経験したことがない事態がひとつ生まれそうだ。礼子、二郎、康介、三人が出場するすべての種目で決勝に残れば、競泳の開催期間中は毎日、私が担当する選手の誰かが決勝で泳ぐことになる。康介だけでなく、二郎も礼子も世界と戦える力をつけてきたし、全員でメダルを獲りにいくつもりだ。これまで三人を担当して、全員がメダルを狙える位置にいるというのは、もちろん初めての経験だし、挑戦しがいのある大会になるだろう。

しかし、現実問題、ひとりひとりの選手のケアを考えると、私自身はめまぐるしい日々が待っているのが分かる（同じようなスケジュールになった選考会では、たいへんな思いをした）。こういう状況になった以上、日本チームのスタッフに協力してもらって、初めて目標が達成できるだろうと思う。スタッフの協力なしでは、絶対に夢は実現しない。康介とここまでやってきて感じるのは、最後の最後にメダルを獲るためには、スタッフをはじめとした周囲の人たちの協力をどれだけ得られるかにかかっていると思う。つまるところ、選手自身に周囲を動かせるだけの魅力が備わっているかが大切になってくる。康介にはそれだけの魅力がある。スイマーとしての能力だけでなく、人間的なひたむきさがみんなに伝わってきたと思う。

最後は康介の「人間力」が勝負を決めるかもしれない。

初心を忘れないことの大切さ

　この八年間、自分の考え方がどう変わってきたか、最近よく尋ねられるようになった。ひと言で言うなら、考え方がシンプルになってきたと思う。以前は細かいことから発想してウジウジ悩んでいたのだが、まず最初に大本の根っこの部分を考えるようになった。コーチングはどうあるべきなのか。もっと大きく構えて、自分はなんのために生まれてきたのか。発想の順番を変えて、小さなことにはあまり気をとられないようにして、大きなもののために頑張っていこうと考えるようになった。

　大会の結果を反省するにしても、木を見て森を見ず、ということが以前は多々あったのだが、まず本質の部分で何がよくて、何が問題だったのかを考えるようになった。アテネの選考会を省みると、二郎と礼子は満足できる結果を残したが、康介はやや精彩を欠いてしまった。昔だったら、そう指摘されたら、

「二郎と礼子がよかったから、いいじゃねえか」

　と開き直ってしまう部分が自分にはあった。突っ張ってしまっていたのだ。

しかし康介とは金メダルを獲るためにずうっと頑張ってきたわけだから、これじゃダメだと素直に思う気持ちが今回はある。突っ張るのではなく、本質を見据えたときに、見直さなければいけないことが見えてくる。

考え方で重要なのは、本質の部分には目標というものがあって、それに向かって本当に成果が上がっているかどうか、ひとつひとつの段階で見極めていかなければならない。本質という部分を忘れず、筋道立てて発想し、冷静に結果を分析する。以前は細かい結果から発想していたことが多かったのだが、本質を見据えることで見えてくるものがきっとあると思う。

そして指導者として大切なのは、自分自身が変わらないことだと思っている。目標を立て、それに向かって考えていくこと、それがコーチが常に問われていることだと思う。選手たちは敏感だ。いつも選手のために全力を尽くしていないと、選手の側にそれが伝わってしまう。

そういう意味では、自分がなぜコーチになったのか、ということが問われ続けている。

自分にとっては、

「オリンピック選手を育てたい」

という初心を忘れないことが大切だと肝に銘じている。

康介を育てる上で気をつけてきたことは、「与えすぎず、与えなさすぎず」ということだった。与えすぎてしまえば選手は考えることをやめてしまう。与えなさすぎると、選手は思ったような成長を遂げることができない。

だからいつも、私はひとつの練習に対して康介がどんな反応を見せるか、それを確かめながら指導してきたつもりだ。どんな表情をしているのか。練習をしたことで、どういった影響が本人にあるのか。康介の反応を見ながら、次のレベルのことを考えてきた。

康介自身はこの八年間、水泳に対する本質的な部分では、まったくぶれがない。水泳に対して純粋だし、雑念がない。こちらからの働きかけに対して、反応が素直なのは、変わっていない。

康介も私も、とにかく水泳に対してシンプルに考えるようになった。康介は大学進学を決めるときも、金メダルを獲るために、もっとも環境の整った学校を選んだ。本質が見えているから判断に迷いがないのである。強くなれば強くなるほど、考え方がシンプルになっていく。

金メダルを獲りたいと考えたら、それだけを追求していく。格好よく勝つとか、そんなことはまったく考えない。考えた時点できっと、負けだと思う。

康介はプールの中で、純粋に金メダルを獲りにいこうとしている。

康介が教えてくれたこと

オリンピックという舞台で泳ぐのは選手にとって、大きな挑戦である。そして指導者にとっても、教え子がオリンピックのプールで金メダルを狙って泳ぐというのは、最高の舞台での挑戦である。

康介を指導して、もう八年になる。よくここまで成長してくれたと思う。傍目には順調に育ったように見えるだろうが、実際にはアクシデントがたくさんあり、それをどうにかふたりで乗り越えてここまでやってきたという感じだ。

そして康介に感謝しなければならないことがある。なかなか結果を出せずにいた私に、康介は「我慢すること」を教えてくれた。アテネまでの長期計画を立てたことで、私は一種のしばりを自分にかけた。急激に練習量を増やさず、一年、一年、じっくりと増やしていく。コーチとしては我慢のプランだった。

自分が安心したければ、泳ぐ距離を増やすこともできた。しかし北島康介というスイマーを預かることで、選手の成長を待ちながら選手を育てることを、康介は私に教えてくれた。

そして、康介は「あきらめないこと」も教えてくれた。

スポーツの世界で長年にわたって成功し続けるのはむずかしい。ある意味、コーチとは失敗と付き合っていく商売といえるかもしれない。それでも康介を担当してからは、長期的な視野に立つという立脚点を獲得したおかげで、失敗といえるようなことは少なくなっていた。しかし一度だけ、国内の大会で大きな失敗をしたことがある。

康介を担当するようになって三年目、世界の水泳界は二〇〇〇年のシドニーをターゲットに動いていた。そしてその年の一九九九年にはシドニーでオリンピックと同じプールでパンパシフィック選手権が行われる予定になっていた。

康介はあくまで二〇〇四年に照準を合わせていたが、シドニーに間に合うようであれば、アテネのためにもチャンレジしようと考えていた。

そして一九九九年、パンパシフィック選手権の選考も兼ねた日本選手権では、いい泳ぎができれば代表に選ばれることも不可能ではない位置にまで、康介は成長していた。ところが大会初日、二〇〇m平泳ぎで、康介は予選落ちしてしまう。

大失敗だった。大会前の調整は順調に進んでいたのに、日本選手権の二日前に、都の大会があった。これはスイミングクラブではなく、高校の部活のメンバーとして参加しなければならなかった。しかし私が知ったのは、本当に直前になってからだった。

「お前、なんでそんなこと黙ってたんだ」と思わず怒鳴った。

水泳とは微妙なもので、ちょっとしたことで泳ぎのリズムが狂ってしまう。特に平泳ぎは感覚が重要で、泳ぎのリズムはふとしたことでも変わってしまう。案の定、都の大会の後、康介の泳ぎが変わっていた。それが予選落ちにつながってしまった。

私が水泳のことだけを考えるあまり、高校生としての康介を忘れ、高校の水泳部の顧問の先生と連絡を取るのを怠っていた。どうしてタイムが出なかったのか、続いて行われる一〇〇mの予選までの間に解明する必要があった。ここが勝負時だと思い、予選落ちした午後から、なぜダメなのかをプールで徹底的に探ることにした。

必死だった。才能のある選手を預かっておきながら、ここで何もできなかったら、もうコーチとして失格だ。ここがコーチとしての勝負どころだと思い、必死になって康介の泳ぎを観察した。本当にこのままでは、アテネへの計画など夢のまた夢で終わってしまう。真剣に、

「また失敗だ。ここでうまくいかなかったら、康介を潰すし、俺も潰れる」と思った。

そのうち、足と手のタイミングがちょっとずれているのが分かった。それをアドバイスすると、泳ぎが戻った。

この失敗で得た教訓は大きかった。泳がせてみて、何が悪いかが分かった。問題が見つかったら、どう対処するのか、という方法をふたりで見つけることができたのだ。これは後になってから分かったのだが、このとき、必死になって観察したことで、康介の本当に優れているところも理解できるようになったのである。

じっと見て、いろいろなことを試しながら康介と試行錯誤したのだが、もう周りのことなど全然関係なかった。

そして一〇〇mの予選、準決勝とだんだんとタイミングが合ってきた康介は、決勝に残った。レースを重ねるごとに修正を重ねていくという方法は、このときからできるようになったのである。結局、決勝では三番で代表には選ばれなかったが、決勝のレースでは前半の五〇mをはじめて二八秒台で入ることができ、翌年のシドニー・オリンピックに向けて大きな財産となった。

たしかに二〇〇mで予選落ちしたのは、誤算ではあった。しかしその後、午後のプールで康介と必死に取り組んだことが、世界へとつながったのだと思う。そういう意味では、大きな意義のある失敗だったと言える。

世界新記録で二冠を達成した二〇〇三年の世界水泳でも、事前の合宿では順調だったわけではなかった。バルセロナに入ってからも、しつこくしつこく、泳ぎが決まるまで練習を重ねた。絶対にあきらめずに試行錯誤すれば、康介ならきっと結果を出してくれる、という信念がそのときには出来上がっていた。

　自分としてはレース当日を使ってでも、最後の最後まであきらめずに練習をするつもりだった。康介を担当して、

「ああ、こりゃダメだ」

と思うことはなくなったのだ。時間をフルに使えば、なんとかなる、絶対にやってやるという気持ちが出来上がっていた。

　そして最後の最後、レースの前日に泳ぎがすごくよくなった。これも焦らず、あきらめず、ふたりで理想の泳ぎを追求したからだと思う。

　アテネのオリンピックでも、最後の最後まであきらめずに私と康介は必死に課題に取り組むだろう。それが康介が私に教えてくれたことだ。

　金メダルを獲る。この夢だけは譲れない。

〈著者紹介〉
平井伯昌　1963年 東京都出身。82年に早稲田大学社会科学部へ入学。86年、卒業。同年、東京スイミングセンターへ入社。2000年シドニー・オリンピック代表コーチ、2001年東アジア・福岡世界選手権代表コーチ、2002年パンパシフィック・アジア大会代表コーチとして大会に参加。2003年7月、世界選手権では、北島康介選手が、100mと200mの2種目で世界新記録を出し優勝。アテネ・オリンピックでは北島康介選手と共に金メダルを目指す。
〈構成者紹介〉
生島淳　1967年 宮城県出身。早稲田大学卒業後、博報堂に入社、99年、独立。著書に「スポーツルールはなぜ不公平か」、「慶応ラグビー　百年の歓喜」、「すず」(千葉すずとの共著)など。

世界でただ一人の君へ　新人類 北島康介の育て方
2004年7月25日　第1刷発行
2004年8月25日　第2刷発行

著　者　平井伯昌
発行者　見城 徹

GENTOSHA

発行所　株式会社 幻冬舎
〒151-0051 東京都渋谷区千駄ヶ谷4-9-7

電話:03(5411)6211(編集)
03(5411)6222(営業)
振替:00120-8-767643
印刷・製本所:中央精版印刷株式会社

検印廃止

ISBN 4-344-00650-X C0095
幻冬舎ホームページアドレス　http://www.gentosha.co.jp/

この本に関するご意見・ご感想をメールでお寄せいただく場合は、comment@gentosha.co.jpまで。